早すぎたスラッガー

江藤慎一とその時代

木村元彦 著

早すぎたスラッガー
江藤慎一とその時代

目次

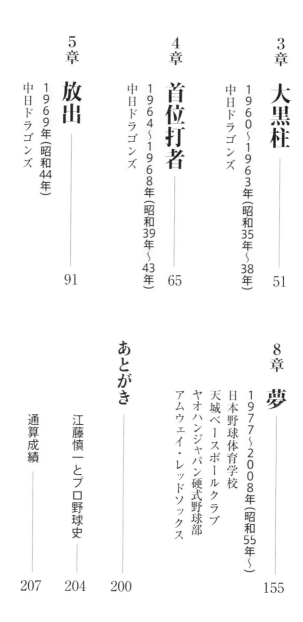

序章

受話器の向こうからは、スタジアムの喧騒が漏れ聞こえる。コロナ禍による人数制限がなされているとはいえ、試合前の熱気はそれでも押し止められることなく、福岡から東京まで電波を通じて流れてきた。今から野球が始まるという球場のＢＧＭに乗せて福岡ソフトバンクホークスの王（貞治）会長の声が被さる。

「本当のプロ野球ファンからしたら、大変人気のある面白い選手だったと思いますよ。ファンの気持ちを揺るがすというか、くすぐるというか、沸き立たせるというか。そういう特別な存在だったと思います」

その特別な存在に世界のホームラン王は三冠王を2度阻まれている。特別な存在がいなければ、4度のトリプルクラウンで落合博満の上をいくのだが、そんな悔しさを微塵も滲ませずに清々しく振り返った。

「東京オリンピックのあった1964年（昭和39年）に首位打者争いで敗れました。あれは私が一本足から、二本足に戻そうと考えていた年ですから、忘れられない年として特に印象に残っています」

王は1962年（昭和37年）にホームラン王の座に就くと、翌年も連続してタイトルを獲得。一本足打法は当初あくまでも暫定的に取り入れたもので、この3年目に元に戻そうと試行錯誤をしてみたが、結局自分にはこれしかないと確信したという。

この年、王は年間本塁打55本という日本記録（当時）を樹立、2022年に村上宗隆に抜かれるまで保持していた4打席連続アーチも記録してまさに脂の乗りきったシーズンであった。

その絶頂期の王の前に立ちはだかったのが、江藤慎一だった。

江藤は、戦後初の三冠王を目前にして9月になっても首位打者だった王を猛追し、ついには2厘差で差しきり、翌1965年（昭和40年）もケガに悩まされながらも連続してリーディングヒッターを獲得する。

当時はミスターこと、長嶋茂雄もまたその勝負強さを発揮し続けており、巨人9連覇の始まった1960年代は3番王、4番長嶋の相乗効果もあってセ・リーグの打撃タイトルはこのふたりの寡占状態だった。そこに江藤は猛然と割って入った。1967年のオールスター（第2戦）では、ONを前後に置いてオールセントラルの4番を打った。

日本球界で史上初の3000本安打を達成した張本（勲）が江藤の技術を解説してくれた。

「日本のプロ野球において右打者で右投手の外角スライダーを左中間に引っ張れたのは、慎ちゃんだけだ。今でもいないな。パワーヒッターで言えば、身体ごとボールに向かっていくような岡本(和真)のようなタイプもいるが、慎ちゃんはそうじゃない。球を捉えにいくけども下半身は残っている。踏み込んで半身に構えておるから、アウトコースがよく見えて甘くなる。だから外に逃げる球でもバットの芯に当たる。それを右手を返さないでヘッドを左中間に持っていくんだ。三冠王を3回獲った落合(博満)も外のボールに強かったけど、落合は引っ張らずに流すからね。バットをしならせて打つスラッガーは珍しくないが、慎ちゃんみたいにヘッドを持っていくバッターはおらんわな。それこそ彼は自分の人生をかけて打ちにいっとるけど、下半身は残っとる。だからあれだけの成績を残したんですよ」

——人生をかけて打ちにいくが、下半身の粘りで重心は残している。技術解説の最後に江藤の半生について象徴的なワードを張本は語った。

江藤は中日からロッテ(オリオンズ)に移籍後、パ・リーグでも首位打者となり、史上初の両リーグでの首位打者となった。

その順応の速さはデータ野球全盛の現在では想像しづらいが、江藤の現役時代を知る大島康徳(故人)は「もうそんなセの野球とかパの投手とかまったく関係のない人でしたよ。

打球の特徴がまさに弾丸ライナーで、ショートが捕れると思ってジャンプしたボールが加速して、そのままレフトスタンドに突き刺さったのを私は何度もベンチから見ました」

そしてまた、不世出の大打者は非常に神経の細やかな人格者であったと生前を知る者は言う。再び王会長。

「名球会においても稲尾(和久)さんと江藤さんは非常に筋の通った人でしたからね」

巷間で言われる、「仏のサイちゃん」稲尾に対して江藤のニックネームは「闘将」。大分と熊本、同じ九州生まれであるにもかかわらず、対照的なイメージであったふたりが、並べて称されるのは、野球ファンは意外に思うかもしれない。

しかし、中日の球団職員(トレーナー、マネージャー、広報、通訳、渉外等)を57年にわたって務めあげた足木敏郎(故人)は、主力選手がともすれば尊大な態度を取りがちな裏方に対しても礼儀を忘れず、折り目正しい態度を崩さない江藤に対して感嘆していた。

「野球選手に欠落しがちな社会常識もしっかり持ち合わせた人でした。マネージャーという立場上、江藤からよく電話がかかってきましたが、応対は実に丁寧でした。『もしもし、足木さんのお宅でしょうか。江藤でございます』と名乗ったあと、必ず「いつもお世話になっております』と続けるのです」

他の選手は名乗ると同時に要件を話し出すのだが、江藤だけはベテランになっても年俸が上がっても御礼の言葉が必ずついたという。あの容姿や言動からは想像できない繊細さや誠実を併せ持っており、引退後も試合のチケットなどを手配すると必ず毛筆で書いた達筆の礼状が送られてきた。しかもそれらは書道の作品の域に達していたという。

その器用さは、張本も太鼓判を押す。

「豪快に見えて繊細でね。メキシコのラテンソングで『ラ・マラゲーニャ』というスペイン語の曲があるんだけど、慎ちゃんはこれが得意でねえ。声はいい、ギターはうまい。そして物まねもうまかった。大河内傳次郎の丹下左膳ね。『姓は丹下、名は左膳』、クラブでやるとホステス相手に酒席が最高に盛り上がったよ」

ＯＮに比肩する実力の持ち主。選手のみならず裏方にも慕われた人柄。書や楽器をたしなむ幅の広さ。しかし、その半生は逆風の連続だった。

暗転は１９６９年(昭和44年)に始まった。確執のあった水原茂監督から、一方的に解雇を通達されるのである。

後年も含めて「チームの世代交代のため」と後づけの説明をする者もいたが、その合理的な理由はなく、オールスター時にチームを離れて解説の仕事を入れた監督を批判したことを端緒とした感情的なもつれというのが、実際のところであった。

最後は体裁を整えるようにトレードの形になったが、相手は前年に3勝しかしていない投手であった。まずは江藤放逐ありきという球団からの処遇だった。江藤は土下座までしたが、覆らなかった。現在では考えられないことだが、選手の立場はあまりにも弱く、加えて水原は中部財界が三顧の礼をもって迎え入れた大監督であった。実弟で同じく当時中日に在籍していた江藤省三はこう回顧する。

「あの時の解雇については、兄貴も自分の本(『闘将 火と燃えて』)で奥歯にものの挟まったような書き方で水原さんを褒め讃えて書いていますけど、そんなことあり得ない。それはまだ生きている方がいっぱいいらっしゃるからでした。なかなか言えないことがあるんですよ。よくあれだけ我慢して野球を続けられたなと思いますよ。やっぱり気の荒い人だと辞めていますよ」

江藤は後に慶應大学野球部監督として着任早々に2年連続優勝を勝ち取り、毎年のようにプロへ選手を送り出し(伊藤隼太、福谷浩司、白村明弘)、同部史上初めて女子選手(川崎彩乃)を登録するなど、選手指導に大きな実績を持つ指導者でもあった。その江藤がこう続けた。

「実際に兄貴は当時、野球を続ける上で、この野郎、この野郎と、自分を奮い立たせていました。そうでなかったら、清原(和博)みたいになっていますよ。覚醒剤に溺れてしまった清原自身の弱さはあるかもしれませんが、頑張っていた彼に対する大人たちのいやらしいいじめ方みたいな、そんなパワハラを自分は見てきました」

江藤解雇に対して、名古屋では中日ファンが抗議のデモを行った。1970年（昭和45年）1月10日のことである。

その後も江藤の半生は流転を繰り返す。移籍先のロッテではパ・リーグの猛者を抑えて・337の高打率で両リーグで首位打者になったその年に放出され、移籍先の大洋（ホエールズ）も秋山登が監督になると退団を余儀なくされ、結局、地元九州を本拠地とする太平洋（クラブライオンズ）に拾われて選手兼監督に就く。慢性的な経営難に苦しむ太平洋を初めてAクラスに押し上げるもまたも解任。

再びロッテに移籍して現役を終えた。江藤はその後、解説者の道を潔しとせず、後進の育成のために野球学校を設立し、今でいうクラブチームを立ち上げる。

省三は引退後の兄をこう語る。

「当時、周りの人間に野球の学校とか、独立リーグとか、アメリカのマイナーリーグの選手の育て方とかを熱心に話すんです。それで当時は、〝夢見る慎ちゃん〟っていうあだ名がついとったんです。だけど今は、もうそれが全部実現しているじゃないですか。プロを目指す選手育成のチームやアイランドリーグやBCリーグもしっかりある。昔、もしあの人に財力があって、もう少し理解者がいてうまくいったら、もっと早く、この環境は整っていたんじゃないでしょうか」

〝夢見る慎ちゃん〟は海外での野球普及にも奔走し、伊豆の天城で設立した野球学校はやがて大手スーパーのヤオハンと業務提携をしてヤオハン・ジャパンとなり、プロにも3人の選手を送り出した。その内のひとり、中日の外野守備走塁コーチを務める大西崇之には忘れられない思い出がある。現役時代、神宮球場での試合前、解説の仕事でグラウンドに降りていた江藤を見かけた星野仙一監督（当時）が、「おい、大西！ お前がプロに入れたのはあの人のおかげやろ。挨拶してこい」とわざわざ声をかけたのである。

江藤の志を知るべく、晩年やろうとしたことの足跡を辿ると、スポーツに対する先進的な発想に辿り着いた。野球学校設立時から、裏方として江藤を支えてきた加藤和幸（現明治大学付属明治高校野球部監督）は「野球学校は、プロを目指す選手予備軍というよりも野球をやりたくてもできない子たちのためにつくったのです。つらい環境にある子たちのことを思いやっていて、決して精神主義者ではないんです」独立リーグや性差をつけずに女子の野球チームを作ってのリーグ戦などの構想を早くから、自治体の行政職員たちに語っていたという。今で言うスポーツ権の享受と言えようか。学校体育に頼らないプレーの場の提供や選手の育成、ヨーロッパのクラブ型スポーツの先駆者としての意志がそこにはあった。

しかし、江藤は2003年に脳梗塞で倒れた。以来5年にわたる寝たきりの闘病生活を送った。省三によれば「体が動かず、言葉も発せず、でも眼球だけが動くんですよ。兄貴の写真を見せると目で追うんです。だから絶対意識があるというふうに僕は思っていました」

壮絶な人生は2008年2月28日に幕を閉じた。加藤は現在も野球学校があった天城で暮らしている。指導の度に東京の高校に出向くのはかなりの労力を要するが、その理由を「ここ天城に江藤の墓があるからです。僕は墓守りをしながら、その意志を継いで高校生を教えているんです」没後すでに15年が経過しようとしている。いかに心酔していたことか。

王会長は最後に言った。

「江藤さんはプロだけでも中日からロッテ、大洋、太平洋と、いろいろチームを移籍されたけど、それぞれのチームでいろんなかたちで江藤さんの業績は残っていると思います。だから、そういう意味で江藤さんの生き様、野球人として人間としての姿を今の若い人たちに伝えてあげてほしいですね」

その足跡を辿ることは、また昭和という時代に分け入っていくことにつながるのではないか。張本が言う「人生かけて打ちにいった」半生を、同時代を生きた証言者の言葉と資料で紡いでいく。

1章

貧困

1937〜1958年(昭和12〜33年)

生誕〜日鉄二瀬

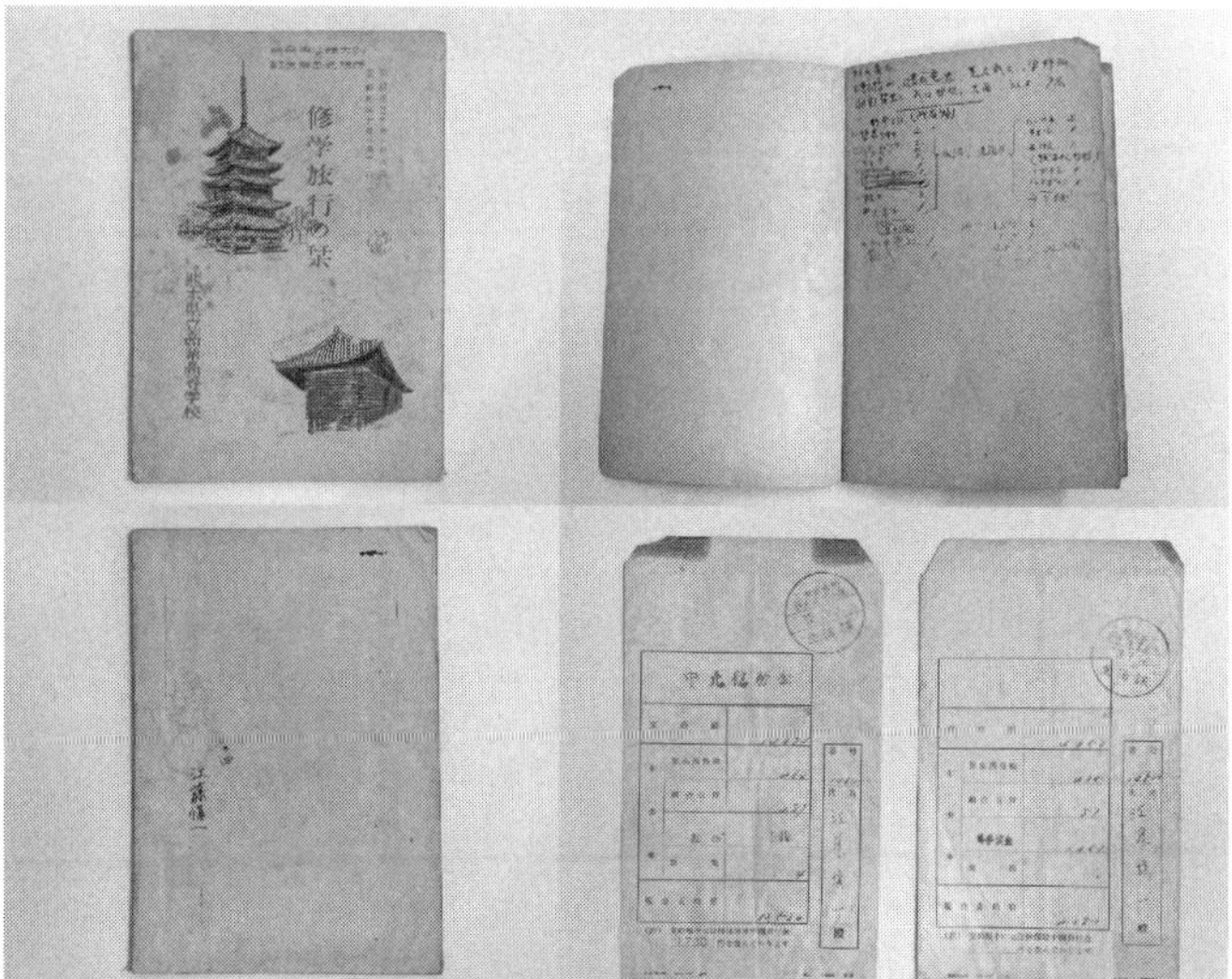

熊本県立工業学校の修学旅行の栞・二瀬鉱業所の中元慰労金袋(遺族所蔵)

赤貧でモヤシ

少年時代の江藤慎一は後の豪傑イメージとは程遠かった。生来、気管支が弱いうえに難病のジフテリアにかかり、長く運動を禁止されていたのである。尚武の気風を尊ぶ九州熊本の地で体育の時間に参加することが許されず、教室からの見学を余儀なくされることは、実につらかったと自著(『闘将 火と燃えて』)に記している。

4人兄弟の長男である江藤は、その実家のことを子だくさんで明るく、しかし、極めて貧しい家庭であったことを「まるで映画の『つづり方兄弟』のようであった」と書き残している。『つづり方兄弟』(1958年製作)は、極貧のなか、得意な作文を支えにたくましく暮らす大阪交野市の野上三兄弟を描いた物語であるが、劇中で8歳の次男・房雄がまともな医者にかかることができず、劇薬を飲まされて腸マヒを起こして急逝するという貧困ゆえの痛ましさが、ひとつのテーマになっている。江藤家もそれに比すというであれば、いかに赤貧洗うが如しの状況であったか、推して知ることができる。

しかし、モヤシのようだった少年は、その厳しかった家計を助けるために始めた新聞配達がきっかけでたくましくなっていく。小学3年生が重い朝刊の束を抱えて、まだ陽の昇らぬ明け方から150軒の家庭を回るのは、苦行でもあったが、足腰の鍛錬につながった。やがて体力がつき、学力もそれに比例して伸びていった。

野球との出会いは、父親がかつて八幡製鉄の外野手であったことから、手ほどきを自然に受けていったことによる。ポジションは捕手を自らが選んだ。これには理由があった。当時、江藤家が暮らしていた熊本県山鹿市内の社会人の対抗試合で、父のチームと対戦していた相手の村上行雄という捕手が、タイムリーヒットによる本塁突入をブロックして失点を防ぎ、そのまま送球してランナーも刺してダブルプレーを完成させた。ところが、併殺直後この村上捕手は崩れ落ち、血を吐いてそのまま亡くなったのである。命がけの本塁死守であった。

これを観戦していた小学生の江藤は「父ちゃん、野球やるならわしは一番、きついところがよか」と捕手を志願したのである。「いかん、キャッチャーだけはいかん。大ケガをするけん」死亡事故を眼前で見て当然、親は反対したが(この時に送球で刺されたランナーが父の哲美であった)、「いやや、皆が嫌でも誰かがキャッチャーをやらんならんなら、わしがやるとよ」と引かなかった。

以降、江藤はプロに入団するまで捕手一筋になる。コリジョンルールなど影も形もない時代に、チームのために体を張ろうとする豪放な性格はここから垣間見られるが、その一方で捕手をやることを決意して以来、日課としてつけていた野球ノートには学究者のメモかと思われるほどに几帳面な文字が毎日埋められた。

捕球の仕方、サインの出し方、キャッチャーフライの捕り方等々、図解入りで記されたそれは緻密で繊細な江藤のもうひとつの性格を物語っている。このノートは中学、高校、社会人と続けられ、積み上げればそれぞれが30センチの高さに及んだ。興味深いのは、捕手としての技術についてページを費やしながら、必ず最後は「捕手は、その上、自分のチームに元気をふきこむものでなくてはならない。絶えず激励の言葉を送るようにつとめなければならぬ」というようにリーダーとして全体を鼓舞することを自らに課して締めている。

高校は熊本商業に進んだ。名門熊本工業に阻まれて甲子園には出場を果たせなかったが、江藤の存在は大学球界にも知られており、早稲田からの誘いがあった。神宮でのプレーに魅力を感じていた。しかし、家庭の事情がそれを許さなかった。夜半、素振りをして寝床に戻ると、3人の弟が川の字になっていた。その寝顔を見て進学を断念した。3人を高校、大学に進学させることを考えれば、すぐにでも一家を支える必要があった。阪神タイガースが、同級生である熊本工業の西園寺昭夫と一緒にどうかと入団の声をかけてきたが、まだ高卒で行くには自信がなかった。

炭鉱のチームと古葉

最終目標をプロに置きつつ、江藤は当時の九州社会人野球の雄、日鉄二瀬に就職することを望んだ。すでに6人の採用枠は埋まっていたが、それでも半ば押しかけるような形で野球部のテストを受けて入社を懇願した。正社員にはなれなかったが、臨時工での採用が許された。日鉄二瀬での日給は276円で、1か月働いて野球手当を入れても7000円にもならないが（昭和31年＝1956年当時のサラリーマンの平均月給は1万6608円）、その内の5000円を実家に仕送りし続けた。張本勲が「省三（江藤家の三男、後に巨人、中日ドラゴンズでプレー、慶應大学で監督）は慎ちゃんに頭が上がらんだろうな」と言っていたのは、この長兄が当時から弟の学費などの面倒を見ていたからである。

江藤が日鉄二瀬への入社を志望したのは、ただ強いチームというだけではなく、プロに行くために指導を仰ぎたい人物が監督をしていたというのが、最も大きな理由であった。指揮官の名は濃人渉《のうにんわたる》。後に、中日、ロッテで監督を歴任し、新人エース権藤博を連投させ続けたことで、「権藤、権藤、雨、権藤」の惹句《じゃっく》を生んだ人物でもある。

濃人は合宿所に入ったばかりの江藤に「お前は何をしに二瀬にきたんじゃ」と問うてきた。「はい、自分はプロに行くために、監督にしっかりと仕込んでもらいたくて参りました」。濃人はこれを聞くと「ようわかった。ここで3年やってプロに行けんようじゃったら、いさぎよう諦めるんじゃ」とだけ答えた。

この頃の二瀬のメンバーは寺田陽介（南海ホークス）、橋本基（毎日オリオンズ）、黒木基康（大洋ホエールズ）、吉田勝豊（東映フライヤーズ）、古葉竹識（広島カープ）、井洋雄（広島カープ）ら、後にプロに羽ばたいていく選手が研鑽を競い合っており、「濃人学校」と呼ばれていた。

日鉄二瀬炭鉱は、福岡県飯塚市の北西部に位置しており、真裏には西町という炭鉱夫相手の遊郭があった。まだ売春防止法が施行される前であり、夜ともなれば、絶え間ない嬌声と客引きの声が、周辺にこだましていた。二瀬野球部のグラウンドと合宿所は、よりによってこの西町に近接していた。それでもこのチームから、プロへ進む多くの選手が生まれたのは、かように誘惑の多い環境下でも酒色に溺れる余裕すらなくなるほどに濃人による徹底的な猛練習が課されたためと言われている。「濃人学校」の生徒たちは、指導法、戦術、哲学においてこの監督から極めて大きな影響を受けていた。

江藤を知る上で重要な当時の濃人を語れる貴重な野球人がいる。江藤の1学年上で、同じ熊本の済々黌高校から専修大を経由して、前年に二瀬に入社していた古葉竹識である。1975年（昭和50年）のシーズン途中に広島カープの監督に就任して初の優勝に導き、以降も赤ヘル黄金時代に導いた名将は、選手育成の上ではノンプロ時代に薫陶を受けた濃人を常に模範としていた。２０２１年11月12日に逝去した古葉は生前に行ったインタビューでこんな言葉を残している。

――古葉監督にとって濃人監督の影響というのは、やはりかなり大きなものがあったのでしょうか。

「僕にはもうそれが一番最初にありましたね。(昭和)50年にカープで突然ジョー・ルーツ監督が辞任されて、私が後釜にすえられた時、真っ先に濃人さんに相談しました。『私はやっていけるでしょうか。プロの監督として最も大切なことは何でしょうか？』と伺ったのです」

濃人は広島で生まれ育ち、広陵中学でセンバツ甲子園に出場している。原爆が投下された時は30歳で爆心地に近い市内・皆実町で被曝しており、教え子の古葉との関係だけではなく、復興のシンボルとして産声を上げた市民球団のカープとは深いつながりがあった。ルーツが築いた礎の上に何を足すべきか、強化予算の少ないチームにおいては初優勝に向けて何が必要なのか、教えを請うた。

「カープを率いる上で重要なのは『それは選手をしっかり見ることだ』と言われました。『監督として大事なことは、練習から試合まで選手の振る舞いや所作を見落とさないことだ。見るというのは、表に出る能力や好不調の波、それだけではない。選手の気持ちのなかまで見てやることだ。何を考えているのか、内心こそ見落とすな』と。濃人さんは、確かに必ず練習がスタートするアップの時から、ずっと選手を見ておられました」

プロの監督となり、広島カープや大洋ホエールズで指揮を執る際、古葉のトレードマークともなったベンチ内での立ち位置も実は濃人の影響であったことを吐露した。

「僕がいつもバットケースの横に立って戦況を見ていたのは、濃人さんのスタイルでした。あの場所がグラウンドのすべてを把握できるからです。ピッチャーの投げるボールも球種やコース、内野のシフト、ランナーの動き、全部わかるんです。ここで、スライダー、次は、フォークボール、それを打たれた時にうちの野手はきちっとしたスタートができているのか。見極めて起用しないといけない。いざ試合が始まれば、フィールドの選手が打球を止められなかった、捕れなかったというのは、もう選手の責任ではないんです。それは捕れなかった選手を使った監督の責任なのです。

今、プロ野球は各チーム支配下選手が70人の契約で、育成契約の選手も含めて二軍、三軍がありますよね。しかし、僕が監督の時は60人しか契約できない時代でした。カープにおいては、この60人の戦力のなかで、戦う相手5球団との比較をして、誰を使うのか、どこを補強しないといけないのか、どのポジションの選手を育てないといかんのかという分析を行うわけです。実は濃人さんからは、ここに良い選手がおるぞ、あの穴が埋まるぞ、見に行こうと言われて一緒に見に行くことが結構あって、そこで選手の見方を学ばせていただきました」

試合の采配のみならず、濃人ゆずりのチーム編成の妙こそ古葉の真骨頂であった。まだ20代だった山本浩二、衣笠祥雄、外木場義郎、池谷公二郎、三村敏之……、古葉が濃人から伝授された選手の気持ちの中まで観察した上での起用は当たり、それまで3年連続最下位だったカープのV1は達成された。その後、60人登録での戦力状態を見据え、この年に投手で入団した高橋慶彦をスイッチヒッターに転向させ、ポジションの補強として急務だったショートとして育て上げていく。

高橋以降もポリバレントな選手の育成にぬかりなく、カープは正田耕三、山崎隆造とスイッチヒッターの系譜が続く。濃人の育成方法は二瀬で預かった選手をプロとして使い勝手のいい選手として送り出すことであったが、古葉もまたそれをなぞるように、カープに入団した選手を自らの手で起用しやすい駒に染めていった。濃人は監督としてつらいことがあると、富士山を見に行って心を落ち着けたが、このメンタルケアのやり方もまた古葉はそのまま踏襲している。

そもそも古葉のプロ入りも濃人が大きく関与している。濟々黌高から専修大学に進んだ1年目の夏休み、熊本に帰省して母校の練習を手伝っていた古葉のプレーを見た濃人が「もしもプロに行きたいのなら、二瀬に来い。自分がその希望をかなえてやる」と誘ったのである。

古葉は都市対抗で活躍していた九州の名伯楽にすでに心酔していた。「濃人監督に鍛えていただいたら、自分でも絶対にプロに行けるという気持ちがありました。だから、僕は大学をすぐ辞めてしまいました」

インタビュー中も終始古葉は、亡き濃人に対するきれいな敬語を崩さなかった。事実、二瀬で名ショートとして名を上げた古葉は2年後にカープ入団が決まる。

そして古葉の1年下で同様にプロ入りに向けて鍛えられたのが、江藤であった。済々黌高校時代から、古葉はバッティングに秀でた江藤の存在を意識していた。

「熊本ではすでに有名でしたから。二瀬でチームメイトになって、厳しい練習に食らいつきながら、口癖のように、おいは弟たちを大学に行かせるためにプロに行くんたいと言っていました」

かく言う古葉もまた弟の学費を払うためにプロを志したという経緯がある。昭和30年代は一族郎党を養うためのプロ野球だった。古葉や江藤をプロに行かせるための濃人の練習は体力強化に主眼を置いたものであった。「お前たち、全体の練習が終わったらノックをするぞ、100本だ、俺が打ってからスタートせえ」と宣言がなされる。選手は100という目標に向けてボールに飛びついていく。それで終わると思って力を出しきるが、そこで終わらない。なぜかそこから400本続いて結局、500本になる。そこまでくると、限界を超えて小手先ではなくて全身の力がいる。ヘトヘトになるが、つまりはプロとして、年間130試合に出続ける体力をつけろということだった。社会人と違ってシーズン中はほぼ毎日ゲームがある。プロは試合に出てなんぼの世界である。レギュラーになれる技術があってもすぐにバテていては使われなくなる。あの世界に飛び込む以上は、1年目から、使いべりのしない選手になってから行けということであった。

濃人が好んだ練習に〝無休止符〟というものがあった。これはウオーミングアップに始まり、現在では見られなくなったウサギ跳び、6キロランニング、素振り、ノックというメニューが延々と続く。この間、ボタ山から炭塵が舞い降りるグラウンドでは、一切の休憩がない。練習が終われば満足に歩くこともできないというメニューが組まれ、完全燃焼した選手たちは、もう目と鼻の先の新町遊郭に遊びに行くどころではなかった。

一度、合宿所に引き揚げてきた新人選手が、階段を二段ずつ軽快に上がるのを見た濃人は、「まだそんな元気があるのか！」と集合をかけて、動けなくなるまで追加練習を施したことがあった。とにかく全力を出しきって1日を終えろ、余力を残すなという教えであった。

社会人からプロに入った以上は、結果が出なければ解雇はすぐそこにある。初年度は身体づくりという悠長なことは言わず、1年目から勝負という濃人の信念は後の権藤博の起用を見てもわかる。

有酸素運動を常に取り入れたハードな練習のなか、江藤は、二瀬入団1年目は正捕手である瀬崎昌引の牙城を崩せず、ブルペン捕手のままシーズンを終えた。肩も負傷し、失意のなか、同僚の福沢幸雄（後に中日）と相談して一時は野球を辞めて自衛隊に入隊しようという決意さえ固めていた。退団の決意を告げようと濃人の自宅の前まで行って、何度も呼び鈴を押そうとした。

しかし、結局濃人には切り出せず、2年目を迎える。自信をなくしかけていたが、1957年（昭和32年）5月、都市対抗予選に向けて行われた大阪への強化遠征試合で、ポテンシャルの高かった打棒が爆発した。泉鉄八尾、住友金属、オール鐘紡との3試合で10打数6安打。打率6割でレギュラーの座をつかむと、その勢いのまま、都市対抗地区予選でも広いことで知られる大谷球場で2本のホームランを放った。本大会では、鐘化カネカロン戦で捕手としてエース村上峻介の大会史上初となる完全試合をリードし、打っては唯一の得点となるソロアーチをかけた。

この活躍によってプロから大きな注目を浴びることとなったが、実はそれ以前より江藤の潜在能力を見抜いていたスカウトがいた。中日ドラゴンズの柴田崎雄である。福岡県嘉穂郡碓井の在であった柴田はかつて戦時中に存在したプロ球団、西鉄軍での先輩であった濃人の指導するグラウンドをふらりと訪ねたことがよくあった。その時二瀬の練習を見ていた炭鉱夫たちのこんな会話を耳にした。

「あのキャッチャーは、すごう腕っぷしが強そうじゃ」「濃人さんは、どこからかよか選手ば探してきよっと、そして具合ように育てるのがうまいけん、きっとあのキャッチャーも大物になるばい」

粗削りだが、当たれば格段の飛距離を出す。いつも大声を出して味方を鼓舞する元気の良さも頼もしい。大器の片りんがそこかしこに見える。それが19歳の江藤の第一印象だった。

中日球団代表の平岩治郎の命で正式にスカウトに就任した柴田は、当時「打てない中日」と言われていた貧打のチームの戦力補強を依頼された。その時に真っ先に思い浮かんだのが江藤だった。柴田の著作、『いい人たちばかりの中で』からその内心を引用する。

「今も昔も変わりはないが、当時の中日は選手を採用する基準を特に『打てる』という点にしぼっていた。――中略――あいつならきっとやってくれる。第一、ゼントルマン揃いだとか、お嬢さんのような上品なチームだとか皮肉をこめて批判される、よく言えばいぶし銀のような地味な、悪く言えば無気力なくすんだチームカラーに、強烈なかつてない原色を加えることにもなる。体質改善の原動力として活躍するに違いないあの逞ましい、元気を絵に描いたような江藤慎一をとってやろう」

プロ球団の選手獲得において「高卒社会人は3年間の在籍後にドラフト指名」という規約のない自由競争の時代である。2年目にあたる1957年(昭和32年)の秋に柴田は濃人のもとを訪ねた。急成長を遂げた江藤のバッティングを見やりながら、「あの江藤はどうですか」と早々に切り込んだ。

「ほう、君もあれに目をつけたか」濃人は、他にも西鉄(ライオンズ)と広島から話がきていると言った。「本人の希望に沿ってやろうと思うが、今年はまだ駄目だ。この先の1年があいつにとって最も大切なんだ。もう1年待ってくれたら、わしがもっとプロ向きのすごい選手に育て上げるから」

濃人は、すでに江藤にも今年はまだ辛抱せよ、あと1年鍛えてからプロに行けと通達していた。代わりに俊敏な動きを見せるショートストップを指さした。「それより、あの古葉はどうだ? あれは仕込んであるのですぐに戦力になる」

古葉はもう完成しており、翌年カープに入団して1年目からレギュラーになっていくのだが、柴田はこの時に古葉を獲らなかったことを再三悔やんでいる。

高校や大学を中退させてプロに入団させるという剛腕スカウトもいた時代である。しかし、中途半端な育成の状態でプロには出したくはない、という濃人の意向を尊重した柴田は、1年待つことを約束した。

それでも家庭環境だけは確認しておこうと、江藤の実家のある下益城郡松橋へ向かった。探しあてた長屋の家は、戸の立てつけが悪く、障子は破れ、畳もささくれ立ったままであった。初対面にもかかわらず、父の哲美は迎え入れてくれた。貧しい暮らしぶりは、出された茶の湯飲みからも感じ取れた。

しかし、柴田は鴨居に飾られた大量の賞状を見て驚嘆する。そのほとんどが、野球ではなく、慎一の学業の表彰や各学年で級長に任命された辞令の数々であった。あの豪快な炭鉱のチームで大声を張り上げている捕手が、成績優秀な秀才であったことに柴田は驚きを禁じ得なかった。

父の哲美は「慎一は息子とはいえ、もう一切を濃人さんに任せていますので、監督さんがあと1年待てと言われたならば、申し訳ないですが、そうしてもらえませんか」と繰り返した。

柴田も異論なく、顔つなぎ以上の期待をしていなかったが、ふと飾られた一葉の写真に目がいった。哲美が八幡製鉄時代に鉄鉱石収集のために乗船した日本郵船の有馬山丸であった。「お父さん、こりゃあ、有馬山丸じゃなかとですか！」柴田の驚きに哲美も反応した。「えっ、あんたもその船を知っとるとですか？」

柴田は戦時中在籍していた巨人軍から、入隊志願をしてシンガポールへ運ばれる際、門司港から乗せられた船がこの有馬山丸であった。「それは奇遇ですな」戦前に同じ輸送船に乗っていたことがわかると一種の同族意識が芽生えて、これで哲美と柴田の距離が一気に縮まった。

スカウトの立場からすれば、西鉄や広島も動いているとなると、1年待つにしても特別なアプローチを考えなくてはならない。何となれば、熊本育ちの江藤自身は、九州をフランチャイズにする西鉄の子どもの頃からのファンであったという。加えて、この年のライオンズは魔術師と言われた三原脩を監督に据え、鉄腕・稲尾和久、流線型打線の豊田泰光、中西太、大下弘らの活躍で2年連続日本一を達成していた。

対して中日は初優勝から時間もたち、かろうじてAクラスにいる状態だった。チーム防御率はリーグ1を誇ったが、打撃成績は・219で5位、本塁打数は最下位だった。2022年のドラゴンズに似ていなくもない。柴田にすれば、縁もゆかりもない名古屋のチームの名刺を出して誘っても「あんなボケちょるチームは、好かんばい」と言われてしまえば、それまでであった。

しかし、ここで築いた哲美とのパイプは大きかった。その後も柴田は折を見ては名古屋から松橋に通い続けた。飯塚市内の二瀬の選手御用達のとんかつ屋にも根回しをして球団のツケでステーキやハンバーグが食べられるようにして、栄養をつけさせることにも余念がなかった。

予想どおり、3年目を迎えて江藤はさらに成長を重ねた。明確にプロ入りという目標に向かって、倍近い練習量を自らに課したことで、打撃にさらに磨きがかかった。シーズンが開幕すると、不動の4番捕手として日鉄二瀬を都市対抗準優勝、産業別大会での優勝に導いた。プロからの勧誘は殺到したが、早い段階から柴田が密着し、リードしていた中日が契約を交わすことになった。

他球団からの巻き返しはすさまじかった。阪神時代に立命館大学を中退させて吉田義男を入団させ、さらにその吉田と三遊間を組み「長嶋よりもうまいサード」と言われた三宅秀史を大洋との争奪戦の末に獲得して「まむし」の異名をとった大毎オリオンズの青木一三スカウトは、金額を空けた契約書を哲美に差し出し、「ご子息の慎一君の評価はこれです。お好きな数字を書いてください」と迫ったという。

しかし、哲美は義理堅く、最も早くから声をかけ、1年待ってくれた中日を選んだ。契約金500万円、年俸120万円は、他球団よりも額は少なかったが、江藤本人も異存はなかった。背番号は8に決まった。

夏の甲子園で準優勝投手となった徳島商業の板東英二、多治見工業のエース河村保彦らが同期であった。くしくもこの3人は柴田が担当していた。

2章 プロ入り

1959年(昭和34年)
中日ドラゴンズ

熊本太郎

鹿児島の湯之元キャンプを翌日に控えた1959年（昭和34年）1月31日深夜未明。四国から宇高連絡船でやって来た板東英二は、岡山駅の下りホームでひとりぽつねんと急行高千穂を待っていた。前年の夏の甲子園で準優勝投手となり、いまだに破られていない大会通算83奪三振の新記録を打ち立てたこの徳島商業のエースには、大きなトラウマがあった。列車を待っていると、「置いていかれるのではないか」という恐怖が全身を覆い、発車時刻までたとえ1時間以上あったとしても乗車位置を離れることができないのである。この日もそうだった。

契約金2000万円、年俸120万円という史上最高額で中日ドラゴンズと契約を交わした板東は、その資本である体を冷やさないためにも真冬の深夜に吹きさらしのホームにいることは避けなくてはならないのだが、どうしても待合室に足が向かない。

理由は幼児体験にある。これより11年前、生まれ育った中国東北部満州国間島から、家族とともに命がけで引き揚げてくる途中、当時6歳の板東は、疲弊困憊した母親から2度ほど中国人に身柄を渡されそうになったのである。

日露不可侵条約を一方的に破棄し、突如襲い掛かってきたソ連兵や、山刀を振りかざして強奪を繰り返す匪賊に追われて、着の身着のまま、家族4人の逃避行は熾烈を極めた。食べ物もなく、歩みの遅い数千人の子どもたちが置き去りにされたり、中国人に売られていった。板東の母もその決断を余儀なくされた。

しかし、板東はその都度、必死の思いで母のモンペを掴んで泣きじゃくった。子どもながらにこの手を放しては大変なことになると、わかっていた。幼子のどこにそんな力が残っていたのかという号泣にほだされた母は、涙を流して板東を連れて帰国する決意をかためた。

日本人引き揚げ者の移動には、家畜や材木輸送に使われた屋根のない粗末な無蓋車が使われたが、それはいつも警笛さえ鳴らさずに突然発車した。ある時、長い停車に飽きた板東が下に降りていたら、いきなり動き出した。栄養失調で骨と皮になった6歳児が死にもの狂いで追いかけた。まさに生死をかけた追走だった。母が必死に伸ばした腕が届かなければ、どうなっていたか想像に難くない。

かつて高校野球の取材に訪れた私に板東は、「私もあの時に手が届かなければ中国残留孤児ですよ。NHKドラマの『大地の子』を見た時に、ああこれは俺の物語やと思ったものです。無蓋車いうのは、ほんまにひどい乗り物で、人々が鈴なりに乗っているので用を足したくなった女性は停車中に車両の下で身を隠してするのですが、それでもお構いなしで発車する。轢《ひ》かれて圧死することも度々あったんです。ああ、母ちゃんが！と泣き叫んだ子どもの声が今でも耳に残っています」と語った。

無蓋車体験の刷り込みはすさまじく、板東は著書『赤い手 運命の岐路』でこの岡山駅のホーム待機の思い出をこう書いている。

「いよいよ明日から二月になろうとしている季節である。寒さといったらあの時の比ではない。それでも私はひたすら列車の到着を待っていた。寒いことの辛さよりも、置いていかれるという恐怖のほうがまさっていた。それでもこうして立っていると満州の夜を思い出す。ソ連軍が攻めてきた夜。泣きながら(筆者注：母が暴行されないように)ドラム缶を叩いた夜。ソ連兵から身を守るため、母が丸坊主になった夜。そして凍てつく豆満江で一家が心中を図ろうとした夜……」

戦争の記憶もまだ生々しく、生活のためのプロ野球がそこにあった。定刻どおりホームに滑り込んできた急行高千穂に、板東は乗り込んだ。当時のキャンプインは、選手全員が揃っての移動ではなく、キャンプ地に向かう列車に三々五々、それぞれの地元から乗り込んでくる。

高千穂は東京から西鹿児島(現鹿児島中央)までの1595キロを、東海道・山陽・日豊本線を経由して約30時間かけて走破する最長走行客車である。

すでに監督の杉下茂以下、東京、名古屋に居を構えるコーチや選手は乗車して客席にいたが、高卒新人など眼中にないのか、酒盛りやトランプに夢中で板東が入っても声さえかける者はいなかった。あいさつをしてもほとんどの先輩に無視された。

列車は広島、山口を経て九州に入った。夜半に何人かの新人が途中から乗り込んできたが、自己紹介をするわけでもなく、気まずく6人掛けの席で向かい合って座っていた。熊本から乗り込んできた、童顔でトレンチコートを羽織った男だけが自分から名乗ってくれた。「俺が江藤慎一だ。よろしく頼む」席についてからも車内で年下の選手たちにあれこれと話しかけている。

「あんたはどっから来たんだ？」「ポジションは？」「俺はキャッチャーで……」江藤のこの振る舞いがよほど印象に残ったのか、板東はチーム合流時に選手のなかで唯一名前を覚えた選手として著作にわざわざ記している。

底抜けに明るく、若手芸人にいじられても嬉々として返しを入れる現在のタレントとしての板東からは想像しづらいが、当時は故郷を持たない引揚者としての心の影が色濃く残っており、徳島商業時代もマネージャー出身の玉置秀雄しか心を許せる友人はおらず、いつも孤独のなかにいた。

「私が高校に進学する際に、親父が中学のチームメイトとの約束を反故《ほご》にするかたちで特待生の徳島商業に決めてしまいよったんです。貧しさゆえですが、それから地元では、何かと無視されて『村八分』というのはこういうことかという目に遭わされました。それはもう内地の人に比べたら、みじめなものでした」

板東たち満州引揚者が入居していたのは、映画『バルトの楽園』の舞台となった鳴門市の俘虜収容所跡の住宅だった。住処《すみか》のみならず、服装や弁当の格差は残酷なほど存在した。ネタとして語っている「僕が子どもの頃は、イタチと鶏の卵を取り合ったんです」というのは、我慢のできないひもじさゆえに鶏卵を農家から、窃取せざるを得なかった境遇ゆえの行状であった。

史上最高の契約金が入りながらも手元にあるのは、それを管理する父親が小遣いとして渡してきた3万円のみ。大学に進学して国語の教師になりかったという板東にとって野球は生きる術《すべ》でしかなく、孤独はついてまわっていた。

そんななかで声をかけてくれた3歳年上の江藤の存在は極めてポジティブなものとしてその目に映った。

江藤は実家のある熊本からの乗車であったが、すでに両親と3人の弟を中日の本拠地である名古屋に呼び寄せる準備をしていた。バット一本で家族全員を養う覚悟は高校時代からしていた。

湯之元キャンプが始まった。この年、中日は若返りを図り、12人もの新人選手を入団させていた。高校生は甲子園四羽カラスと言われた板東英二、河村保彦（多治見工）、伊藤竜彦（中京商）、成田秀秋（熊本工）を含む9人、大学生は立教4連覇の頭脳と言われた捕手の片岡宏雄、社会人は大昭和製紙のスラッガー横山昌弘、そして江藤だった。12球団随一の大型補強と言われた。

このキャンプで江藤はその身体能力で注目を集めた。当時の中日には鈴木怨夫《すずきひろお》というい陸上競技で400メートルを専門にしていたトレーニングコーチ（後に球団代表）がいた。この鈴木が作成する練習メニューはあまりにハードで完遂する者がいなかったが、ただひとり江藤だけが最後までやり抜いた。捕手でありながら、誰もが途中でバタバタと棄権するサバイバル長距離レースまで走りきったのである。

長丁場のキャンプでは、時として負傷することもあるが、それも乗り越えた。

湯之元のグラウンド脇にはトロッコがあり、選手にはその線路に足を差し入れて腹筋をするという練習が課せられた。下はコンクリートなので腰が着地すると、すれて血が滲む。手抜きをしない江藤は、とうとう臀部に5センチほどの大きな腫れ物をこしらえてしまった。

トレーナーの足木敏郎はひと目見て練習を休んで医師の診察を受けるように告げたが、聞き入れなかった。「絶対練習には出ます」ここで休めば、アピールする機会を失う。「化膿したらどうするんだ。患部がそんなに大きかったら、下着が当たるだけでも痛いだろう」「大丈夫ですよ。皆が打ったり、走ったりしとるのにこれくらいで休めません」大事に至らせてはいけないという足木との間で押し問答が続いたその時、

「あっ！」足木の目の前で、江藤は突然、自分で患部にナイフで穴を開けた。膿を絞り出すと、唖然とするトレーナーを前に「これでOKです」と絆創膏を張って部屋を出ていってしまった。「破傷風にでもなったら大変だ」心配になった足木が練習を見に行くと、何事もなかったかのように泥にまみれていた。そして本当にそのまま治してしまった。

特異な存在感を示したのは、グラウンドの上だけではなかった。江藤は自分の持ち物に「熊本太郎」と筆で大書していた。太郎には最大のもの、最高のものという意味があり、坂東（＝関東）最大の河川である利根川を坂東太郎と言うように名詞や地名と連結してそれを形容する（ちなみに洪水の多い日本三大暴れ川として、坂東太郎＝利根川、筑紫次郎＝筑後川、四国三郎＝吉野川が列挙される）。

江藤は、自分は熊本最高の選手であるという自負からであったのか、熊本太郎との異名をあらゆる道具に記していた（言うまでもなく熊本は川上哲治、前田智徳など、天才スラッガーの特産地である）。

ケガを押してまで加わった肝心のポジション争いはどうであったか。江藤の本業は捕手であったが、中日は前シーズンの終了をもって、初代ミスタードラゴンズである強打の西沢道夫が引退しており、ファーストのポジションが空いていた。多くの野球書籍が伝えているところによると、江藤はこれに目をつけて、キャンプで自らファーストミットを差し出し、杉下監督に「自分はノンプロ時代に一塁もやっていました。やらせてください」と経験がないにもかかわらず売り込み、レギュラーを掴んだとされている。

ところが、実際はそうではなかったようだ。筆者は当時の監督、杉下茂に直接、江藤が捕手からコンバートされた経緯を聞いた。意外な答えが返ってきた。

「それは下手くそだったから」

言っている意味が理解できずに受話器の向こうに問い返した。「何がですか？」

「いやもう、キャッチャーとして。江藤にはピッチャー全員から、クレームがつきました。ひでえキャッチングでね。伊奈（努）とか中山（俊丈）とか、もうブルペンでピッチングするのに、江藤に受けてもらうとなると、勘弁してくれって言うんですよ」

齢95歳を過ぎての杉下の明晰な記憶力に舌を巻いた。60年以上前の湯之元キャンプのことを選手名、年齢まで明確に並べたてて理路整然と語るのである。

「それまで江藤にキャッチャーの技術を教える人がいなかったんだろうな。当時の中日は若返りの方針で27歳の本多逸郎が一番の年上で、ピッチャーはもっと若かったから、あまり厳しいことを言うベテランはいなかったが、それでも不満が出たのでファーストに回したんですよ。あれでは到底、リーグ屈指の吉沢(岳男)は抜けません。もちろんバッティングがいいのはわかってきたので、それを活かすというのはありました。パワーもあってとにかく頑丈な体をしていましたから」

後に日鉄二瀬時代の監督・濃人渉が中日の監督に就任するとその名捕手吉沢を放出し江藤を捕手に戻してしまうが、それはまた先の話である。

魔球フォークボールを操ってスーパーエースの座にいた杉下は前年に現役を引退してこの年から監督になっているも、まだ33歳だった。現在ならば円熟期である。杉下は前年度も11勝を挙げており、防御率も1点台という好成績を記録しており、本来ならば大黒柱のままであろう。肘や肩に慢性的な痛みはあったが、本人も投げたいと希望は強かった。しかし、球団は「もう30歳以上はチームに置かない」の一点張りで実質的に現役としてのユニフォームを脱がされた。

杉下の述懐どおり、最年長は27歳の外野手本多逸郎となった。これも昭和の球団経営なのか、個々のパフォーマンスに注目せずに一律年齢のみで評価をするという乱暴なチーム編成であった。一方で現場を預かる杉下は、江藤に捕手失格の烙印を押しながら、打撃を伸ばす配慮を厭わなかったことからも見てとれるように、選手を枠に嵌《は》めずに可能性を信じる公正性を備えていた。

指揮官であれば当然のことであるが、フラットに選手を見ることの大切さをあらためて噛みしめていたのは、現役時代1951年(昭和26年)の強烈な体験にあった。この年、セントラル・リーグは日米野球交流の一環として、ジョー・ディマジオを輩出した米国独立リーグ3Aのチーム、サンフランシスコ・シールズの春季キャンプに杉下と川上哲治(巨人)、藤村冨美男(大阪タイガース)、小鶴誠(松竹ロビンス)を派遣していた。

渡米した杉下は、それを投げられると「打者の練習にならないから」という理由から、フォークボールを封印されながら、速球一本でシカゴカブスを2安打完封するなど、大活躍を見せた。

これを見たシールズのレフティ・オドール監督は、中日での年俸を保障した上でさらに1万ドル(=365万円)を提供するというオファーを出してきた。サラリーマンの初任給が3000円の時代である。天文学的な数字であるが、杉下はこれを断った。最初の子どもが生まれる直前であったということや、父と慕う日本の天知俊一監督に対する信義などその理由は多々あったが、大きな判断材料となったのは、米国社会における人種差別を目の当たりにしてしまったことである。

「私が行った時は、デパートでもレストランでも黒人の人たちが入れないんですから。サンフランシスコの街中でまず黒人を見かけないのです。野球も同様で同じチームでクリーンアップを打っている選手でも白人の選手とは同じホテルに泊まれないのです。そんなところに残ってプレーしろと言われても嫌ですよ」

杉下が投げていて、黒人選手が打席に立つと、バッテリーを組む白人のキャッチャーは必ず初球に「頭に放れ」というサインを出してきた。腰を引かせるという意識であろうが、彼らが黒人を同じ野球を愛する人間として見ていないことが伝わってきた。杉下は何度サインを出されようとも絶対にブラッシュボールを投げずにストライクゾーンで抑えた。

太平洋戦争中、杉下は兄の安佑を特攻のひとつである航空機・桜花で失っている。人間魚雷が回天ならば、特攻のなかでも特殊な桜花は大型爆弾に翼をつけただけの「人間爆弾」で、体当たりを厳命された操縦士は確実に死に至らしめられるものであった。兄の出撃は事前に作戦が傍受されており、敵艦に体当たりする前に米軍機に撃ち落とされていた。杉下自身も出征しており、玉音放送を中国大陸の紅港で聞き、呉淞《ウースン》の捕虜収容所に入れられている。

アメリカに対しては複雑な思いが交錯していたが、それでもイメージは野球の国であり、自由の国であった。

しかし、杉下が実際に西海岸の地に足を踏み入れてみると、露骨な差別が歴然と存在するアメリカの暗部に直面した。そして杉下は黒人初のメジャーリーガーとなったジャッキー・ロビンソンの苦労に思いを馳せた。「彼が白人社会の中でどれだけ大変な思いをしてプレーしていたのかと、自然に考えが及びましたよ」ロビンソンがメジャーデビューする際、所属のドジャース以外のチームはすべてこれに反対しており、ともにプレーすることを拒んで移籍していった選手もいた。それでもロビンソンは常に紳士的に振る舞い、結果（新人王）を出してパイオニアとなっていった。

選手を公正平等に見る杉下の慧眼は、江藤のバッティングセンスを看破していた。大器に育てるべく指導も一貫していた。

「ああ見えて繊細で、やたらヒットを欲しがるんですよ。バッティング練習でも最初はちょこちょこっと当てるんです。それじゃあ駄目だから、お前は全部レフト方向へ引っ張れと伝えました。インコースはもちろん、重要なのはアウトコースにくるボールを引っ張るんだと。投手の心理として、レフトのほうへ全部打っていけば、インコースのほうには放ってこないと。それで踏み込んでいって身体をぶつけるような感覚で振りきれば長打になる。ホームランキングになった森徹は右中間に打つタイプだったけど、とにかく、お前は全部レフトに向けて振れ！　というのが、最初のキャンプで徹底した江藤への指導方針でした」

張本勲が語っていた「右投手のスライダーをレフトに放り込む稀有な右バッター」のスタイルの原点がここにあった。

杉下は西沢の抜けた穴を埋めるべく、森と江藤を徹底的に打ち込ませた。鈴木コーチの陸上トレーニングも体幹強化を目的とした相当ハードなメニューであるが、それに特打、特守が加わる。

杉下の江藤入団時の記憶は、自身が巨人軍投手コーチをしていた時代のそれと重なる。

「よく江川（卓）が入ってきた時のジャイアンツの伊東のキャンプ（１９７９年10月～11月）が地獄だったと話題になりますが、我々がやっていた頃はあれぐらいの練習が普通だったですよ」

江川、西本聖、角三男（※当時の登録名）、山倉和博、中畑清……、特別強化指定の18名の若手のみを集めて、風呂場で脱衣しても湯船に入る前に倒れるように眠ってしまうというほどに徹底的に鍛えあげた伊東キャンプと同等の負荷を江藤は新人キャンプでかけられた。

そしてそれが実を結ぶ時は、早くもシーズン前にやってきた。

１９５９年（昭和34年）３月15日、中日はチームの大功労者である西沢道夫の引退試合をホーム中日球場で開催した。対戦相手は南海ホークス。人情派で知られる鶴岡一人監督はこの西沢の花道にエース杉浦忠を先発させ、ベストメンバーを組んできた。対して中日の先発は板東。西沢の引退と絡めて新旧交代を演出したい球団は、甲子園を沸かせた新人の初登板を早い段階からリリースしていた。黄金ルーキーの予告登板は奏功し、スタンドは満員の観客で埋まった。

引退試合の入場料収入は餞別として当該選手に贈られる。裏方にまで気を使う人柄の良さで知られた西沢に向けてあたたかな舞台が整ったが、杉浦もまた最大の礼儀として全力で立ち向かってきた。この年にキャリアハイの38勝を上げて、南海日本一に貢献することになる下手投げのエースは3番で先発した西沢を三振に打ち取る。

対して、板東はトップバッターの広瀬叔功に左中間を破られると、以降も打ち込まれ、3回で5失点を喫する。

この時、3回裏に9番打者としてバッターバックスに立った板東は、厳然としたプロとの実力の差を否が応でも突きつけられた。杉浦が繰り出すボールが速すぎてまったく見えないのだ。ストレート、カーブ、そしてストレート。甲子園では主軸を打ち、投打にわたる超高校級と言われた自分がバットを振ることすらできずに、たった3球で見逃し三振に切って取られた。2球目のカーブのスピードは明らかに自分の直球よりも速かった。それでも杉浦はまだ調整段階だという。小柄な自分はもうプロで食っていくのに限界がある。ここでもう板東は自身を見切った。

「体が小さいというハンデがあるうえに、杉浦のあの球だ。あんな球、今後どんなに練習を積んだところで投げられるはずがない。『野球だけじゃとても一生、食っていかれん。なにか別の道を見つけないとあかん』私は固く固く決心した。『二足のワラジ』を履く決心である」(『赤い手 運命の岐路』)

板東は1年目のオフから副業に精を出す。株への投資、ジュークボックスの営業、牛乳配達、果ては自社ビルを建ててのサウナ経営などである。芸人がネタのように言う「板東さんは自社ビルが落成した時に仮病を使って遠征試合に行かず、名古屋のビルでにこやかに来賓を迎えていた」というのは、事実である。

これもかつて聞いた話である。「僕は満州体験が大きいんですね。母親が間島で大きな料亭を経営していて何不自由なく育っていた。それが一夜にしてすべてを失って、引揚者となって飲まず食わずで追われる身となったんです。何かが起こっては遅いという観念からか、投げている時から、ビジネスに執着していました。特に杉浦さんの一球を見た時からは」それでなくとも高校時代の酷使から、肘はすでに悲鳴を上げていた。セーフティネットとしての二足のワラジであった。板東にプロ一本の道を諦念させたその杉浦の剛球。しかし、それを熊本太郎はこの時、打ち砕いたのである。

板東が三振した次のイニングである4回裏であった。西沢のあとに3番に座った江藤がバットを一閃すると、代名詞となるレフトへの弾丸ライナーがスタンドに突き刺さった。南海のエースの球を初打席でスタンドに運んだ。新人初年度からの活躍を約束づけるような豪快なアーチだった。プロ1年目のルーキーシーズン、江藤は全試合出場で打率・281の打撃十傑6位、本塁打15本、84打点という好成績でオールスターにも出場する。

例年ならば文句のない新人王であったが、この年(昭和34年)は大洋ホエールズの桑田武が新人として歴代最高の31本塁打を放ったために無冠に終わった。それでも初年度からレギュラーに定着してのベストテン入りは出色であった。鳴り物入りで入団した他の中日の新人たちに比べてテスト生上がりのノンプロ出身ということで、地味であった江藤の存在感がこれで不動のものとなった。

この年、繊細な板東英二は、西沢道夫の引退試合で見た杉浦忠の速球の威力と先輩や同僚たちの嫉妬によるいじめから、一時は鬱病に苛まれた。それでも後半に持ち直し、4勝4敗の成績を挙げた。

高校球界一の快速球投手と言われ、剛腕スカウト柴田崎雄が平岩治郎代表から、「あいつだけは何が何でも獲れ」と厳命されて、保護者に秘密裏に逢うために定光寺(愛知県瀬戸市)に日参して獲得した河村保彦は4勝7敗。

気の毒であったのは、立教大から、ポスト吉沢岳男を期待されて入った捕手の片岡宏雄であった。浪華商から六大学という野球エリートコースを進み、1年生から、板東を畏怖させた杉浦の球を受け続けた片岡は注目度が高く、本人も新人ながら移動バスの中でロカビリーを歌い踊り、場を盛り上げる宴会部長として可愛がられていた。

しかし、周囲に向かって陽気に振る舞う人間ほど、その内面はデリケートである。吉沢の代わりに片岡がマスクを被った試合では、巧みなキャッチングが評価される一方、バッティングではノーヒットが続き、それが遠因か、イップスに陥ってしまう。試合中も投手への返球ができず、真下にたたきつけてしまうためにゴロでマウンドに戻すというやり方しかできなくなった。

片岡は後にヤクルトでスカウトとして辣腕を振るい、1990年代のスワローズ黄金時代の礎を築く選手を多数入団させているが、この時の苦労から新人選手に対する目利きや配慮が際立ったのではないかと思われる。

プロ入り初年度、板東と片岡はキャッチボールの相手もつけてもらえずに、壁に向かって黙々と投げるという孤独な練習を課せられている。それを知る者は少ない。

3章

大黒柱

1960〜1963年（昭和35年〜38年）

中日ドラゴンズ

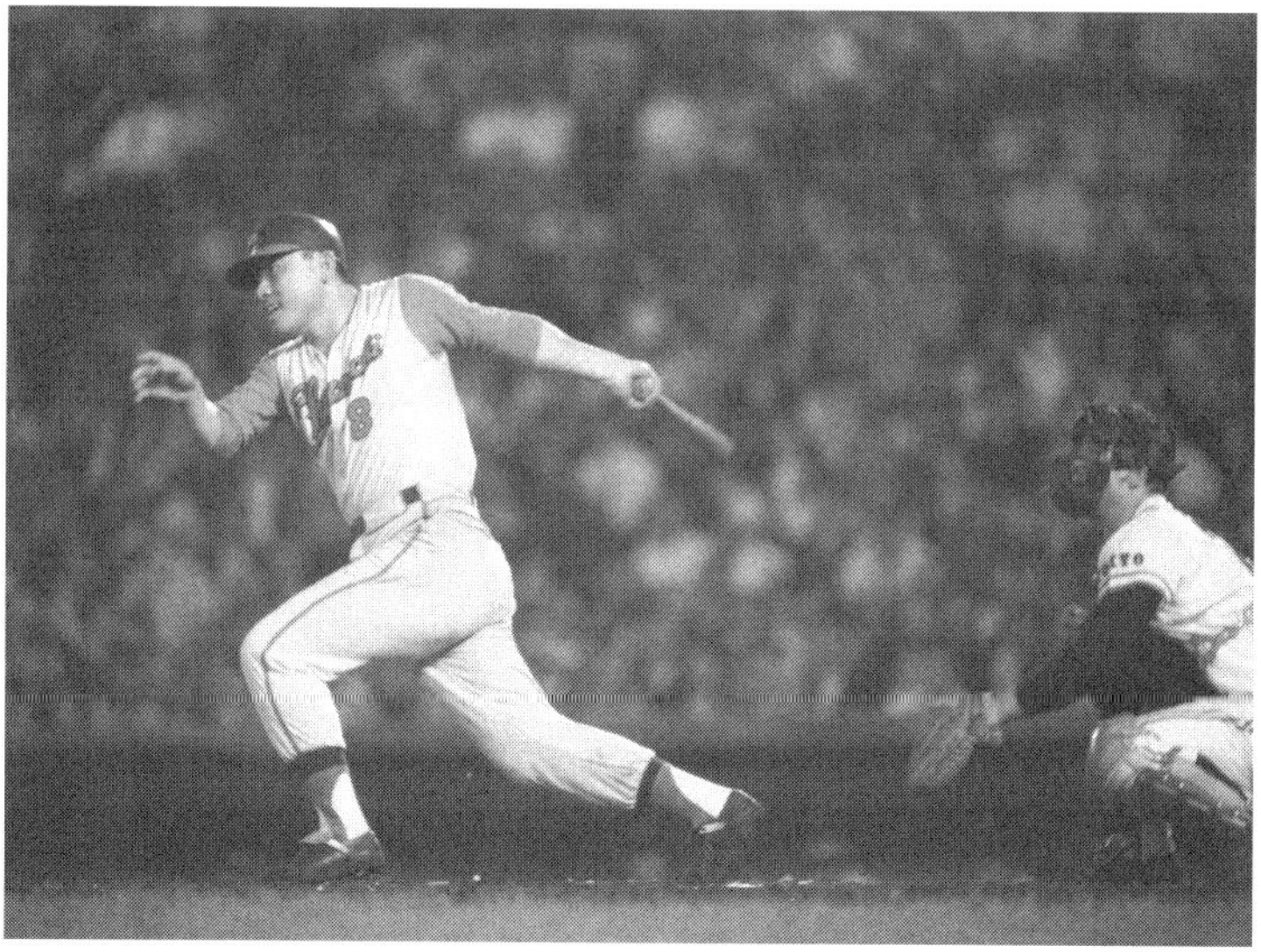

母の諫言

江藤は12名の同期のなかでは圧倒的な出世頭となり、『巨人の星』の熊本農林高校の左門豊作よろしく1年目のオフに家族を熊本から名古屋に呼び寄せた。両親、そして3人の弟である。三男の省三は在籍していた熊本商業から中京商業への転校となった。もちろん野球部入部を踏まえてのものである。省三の当時の述懐。

「とにかく家が貧乏でしたから。サラリーマンの親父の給料が月に1万円くらいで、それで食べ盛りの男4人を育てないといけない。近所に製糸工場の繭を乾燥する乾繭所《かんけんじょ》っちゅう所があったんですが、おふくろがそこで管理人として仕事をすることになり、うちはその工場の一画を住まいに貸してもらったんです。その繭は年に2回、乾燥させるんだけど、あとは工場の敷地が全部空いてる。私たちはそこで三角ベースの野球をやって育ったわけです。私も兄のあとを追うように熊本商業に進みました。

名古屋に引っ越したのは、兄貴の新人のシーズンが終わり、私が熊商1年生の年末で、中京には翌年の1月から通いました。兄貴はプロでやれるなら選手寮なんかにいるより、おふくろとおやじを呼んで暮らしたいという気持ちが強くあったんですね。おやじは田舎が好きで嫌がったんですけど、おふくろはもう早く行こうっちゅう感じでした。椙山女学園の裏の借家で家族6人で暮らしました」

熊商で1年から4番を打っていた省三も中京商業にはカルチャーショックがあったと言う。このチームは1年前（昭和34年）に平沼一夫（後に東京オリオンズ）、杉浦藤文（後に中京高校監督）、石黒和弘（後に東京オリオンズ）らの活躍によって春のセンバツを制している。決勝では高木守道を擁する県立岐阜商業を下しており、深谷弘次監督も当時「歴代最強」と口にしていた。

「私の熊商時代は、夏の大会の決勝で末次（利光）さんのいた鎮西に負けて甲子園には行けなかったんですけど、県の代表にもなっていっぱしの選手の気持ちでおったんですよ。それが、兄貴が勧めるのが中京一辺倒で、転校したら、春のセンバツ優勝校じゃないですか。グラウンドに行ったら部員が200人ぐらい固まっていてね。これで3年生が抜けたんだよって言われて、50人そこそこしかいない学校から来た者としては、本当ぞっとしました」

しかし、省三も地力を発揮する。3年生となった1961年（昭和36年）には主将となり、同期の山中巽《やまなかたつみ》、1年下の木俣達彦とともに主力を担って春夏の甲子園に続けて出場し、慶應大に進学していく。プロ（巨人、中日）を経て、やがては母校慶應の監督に就くという充実した野球人生を送るのだが、その幼少期より兄は父代わりといえた。

父の哲美がシンガポールに出征していた大戦中、母の判断で江藤家が空襲を逃れて疎開をする際、当時7歳の江藤が赤ん坊の省三を背負い、右手に持てるだけの荷物を持ってあとに続いた。丸い目玉を剥き出しにして歩くその姿を見て母親は「メダマ金時(金太郎)ごたぁる」と言った。幼いながらに頼もしさを見てとったのであろう。

「私が現在あるのはもうすべて兄貴のおかげですから。『自分は大学に行けなかったから、弟はみんな俺が進学させてやる。親父は何もしなくていいよ』って、父親にも言ってくれてね。巨人に入団した時に中日戦になると、兄貴がベンチに『おい、元気か』と訪ねて来るのですが、直立不動で『はい。元気にやっています』とあいさつしました。それを見た柴田(勲)なんかが、『何で兄弟に敬語を使っているんです?』とか笑うんですが、私にとっては普通のことでした」

大黒柱となった江藤の生活は一変した。開幕前はオープン戦で同室となった同期の外野手・横山昌弘に名古屋の繁華街、栄に連れて行かれても琥珀色の液体に口をつけられなかった。

「どうした? ビールは嫌いか。俺のおごりだ。飲め」「いや、これを飲んだことがないんです」

日鉄二瀬時代に嗜《たしな》んだのは、焼酎かドブロクのみ。初めて口にしたビールの味はこれ以上なく美味で、たちまち1ダースを空けた。プロは結果を出せば、すぐにカネになる。本塁打の賞金が5000円で父親の月給の半分におよび、これだけでも飲み代は3軒目まで賄えた。さらに人気選手には、酒食を馳走するタニマチもつく。名古屋ローカルはまたそれが盛んな土地であった。

江藤は酒の味を覚えた。2年目(1960年)の成績は打率・252、本塁打は14本。頭打ちと言われる成績であった。ノンプロ時代は日中に仕事をしてから、職場に気を遣って練習に向かい、ヘトヘトになるまでボールを追い、寮に帰れば倒れるように眠るだけであった。しかし、プロはカネも時間もたっぷりとある。ケタ違いの収入がある上に盛り場では、下にも置かない扱いを受ける。かつて才能ある選手たちが、どれだけこの誘惑に堕ちていったことか。

ある夜、江藤が帰宅すると、母が縫物をしていた。すでに時計の針は午前3時を回っている。背を向けたまま針を動かし続ける母は言った。「慎ちゃん、あなたの腕でかせいだお金ですもの、あなたの勝手に使っていいのよ。でも身体だけは大事にしてね。お母さんたちは松橋のほうへ帰って、もう一度初めからやり直しますから」

急ぎの縫い物などあるはずもなく、母は諫言《かんげん》のために起きていたのは明白だった。頭から冷水をかけられた思いだった。江藤はこれ以降、終生翌日に残るような深酒を断った。

入団3年目1961年(昭和36年)は打率・267、本塁打20本と持ち直して初のベストナインを受賞する。

再び濃人と

中日はこの年に大きな変貌を遂げていた。前シーズンより中日二軍監督に就任していた日鉄二瀬時代の恩師・濃人渉が監督に昇格していたのである。加えて、ブリヂストンタイヤから入団した新人投手の権藤博が超人的な活躍を見せてチームも2位に食い込んだ。

権藤は429・1イニングを投げきり、35勝、32完投、12完封という圧倒的な数字を残した。「権藤、権藤、雨、権藤」のフレーズはこの時に生まれた。入団した権藤はノンプロ時代からよく知る江藤の打撃の変化に驚いていた。

「九州で2年間、ブリヂストン鳥栖と日鉄二瀬で戦っていましたから、その時以来の付き合いですよ。正直、私は江藤さんはプロでは通用しないと思っていたんです。二瀬の野手は練習でグラウンドの場外に打たないとプロには入れないと言われていて、寺田(陽介、南海に入団)さんなんかは、ガンガン振り回してその最たるもんでした。江藤さんも大上段に構えて遠くに飛ばしはしていましたが、穴が大きかった。キャッチャーで4番を打っていて、当たれば大きいというタイプ。しかし、私がカーブを投げたらほとんど打たれなかった」

当時のエネルギー供給源のトップが石炭という時代、二瀬炭鉱の野球チームは豪胆をもって尊ぶ気風があり、都市対抗を応援する社員や地元の炭鉱労働者たちもそれを支持していた。練習で場外に打てないとプロには入れない、というひとつの伝説の下、江藤もまた次のステージに行くために振り回していた。その穴をブリヂストンのクレバーなエースは看破していた。

「ところが、チームメイトになって見たら構えがガラッと変わっていた。バットを心持ち寝かすようになった。それがすごい。オープン戦で見た時にシュアになっていて、プロのコーチはさすがだと思ったもんです。『大したもんですね。江藤さん、誰が教えてくれたんです？』『いや、博。誰かに教わったわけじゃない。わしはプロに入って自分でこれじゃあかんと思って変えたんじゃ』」彼のすごみはバットマンとしてのその切り替えのよさ。自分ですべて考えてプロに適応していく生き様がすごい。それでセ・パ両リーグの首位打者を獲ったんです。それは王（貞治）さんにも言えていて、私は、1年目は王さんにほとんど打たれなかったのですが、2年目に一本足打法になってから打たれた。王さんもまた変化を恐れない人でしたからあれだけの成績を残したんでしょう。良いバットマンに共通して言えるのは、生き残るために自分で突き詰めて考えて変化を恐れない勇気ですね」江藤が中学生以来、毎日書き続けている野球ノートの存在がそこにはあった。新人キャンプの時から、生き残るための術を模索していた。古葉竹識もこう言っていた。「人はよく闘将と呼ばれますが、私の知る限り、江藤ほど、打つということを考え抜いた男はいないですよ」

権藤は江藤の右投手の外角スライダー打ちの技術についてはこう言った。「むしろインコースが打てなかった。だけど、あれだけの迫力では投手は懐には投げられない。そこでインコースは捨てて踏み込む。外角へのスライダーは彼にとってはカモですよ」

権藤は2年目も362・11回を投げて30勝をあげた。しかし、以降は肩、肘を痛めて10勝、6勝と先細りになり、4年で投手を断念し、野手への転向を余儀なくされている。紛れもなく酷使の影響だが、社会人時代に日鉄二瀬の補強選手として都市対抗に出場して以来、中日入団に際しても権藤と濃人との関係は深く、権藤は太く短く終わった投手生活について悔恨がましいことを一切、口にしていない。

「毎日投げろ、と言われても何とも思わなかったですね。プロで一旗上げてやろうと九州の田舎もんが都会に出て来たわけで、元々内野手だから、肩もすぐできた。仕事があれば投げるだけですよ」

それでいて「俺の若いころは……」という経験主義に陥らず、投手コーチになってからの権藤は、無理な連投を教え子たちには絶対に強いなかった。「それは自分で肩の痛みを知っていたからです。僕の指導者としての成功は顔をゆがめながらも投げていた頃の痛みを覚えているからですよ」

選手の人生を考え、俺の若い頃は……という消費をしなかったことで多くの投手に慕われた権藤は、監督としても横浜ベイスターズを日本一に導いている。

江藤の置かれた当時の環境を拝察するためにこの権藤が入団した年の中日のチーム状況をしばし、記述したい。１９６１年(昭和36年)シーズンは江藤の再起、連投上等で投げまくった権藤のほかにも、地道な努力が開花した板東が12勝、河村も13勝を上げた。勝率の差で2位に甘んじたが、勝ち星は優勝した巨人よりひとつ上回っており、結果だけ見れば、濃人は評価されて然るべき監督であった。

しかし、チーム内は不穏な空気にまみれていた。濃人と生え抜きの選手との対立である。チーム改革に乗り出した濃人は、5位に転落していた前年のオフにも大矢根博臣、伊奈努のローテーション投手を放出しており、聖域化されていたレギュラー、地元出身選手にも容赦なくメスを入れた。

叱咤する言葉も厳しく、4番の森徹にも遠慮会釈がなかった。長嶋茂雄の同期で早稲田大から入団していた森は2年前に本塁打と打点の二冠を獲得しており、スターの地位を確立していた。森は板東同様に旧満州出身で、当地で手広く商売をしていた母親が力士時代の力道山を可愛がり、新京(現・長春)などに巡業に来た際には、何くれと面倒を見ていたので、このプロレス界のスーパースターと子どもの頃から親交が深かった。

契約時には立合人を務め、中日球場の練習にも顔を出す力道山が後見人ということで、森は新人時代から一目も二目も置かれる存在であった。それでも濃人は粗《あら》の多い森の打撃にダメを出した。23歳でホームランキングを獲ったプライドは傷つけられ、反発する。

星野仙一が中日や阪神で「血の入れ替え」を行ったように、従来監督は、球団の歴史を分断しても自らが取ってきた手駒で勝負をかけたがるものであり、また12球団一、選手を甘やかすと言われていた東海地方唯一のチームに刺激を与える必要があったとはいえ、あまりに感情的にもつれすぎた。濃人と森、井上登、吉沢、横山、広島衛、酒井敏明、石川緑ら、主力との対立は決定的となった。

結局、森は大洋に、吉沢と甲子園優勝投手の児玉(空谷)泰は近鉄に、石川は阪神に金銭トレードで出されてしまった。酒井と広島は退団というかたちをとった。

森はこの後、大洋、東京オリオンズと移籍を繰り返すが、4年しか在籍しなかった中日への愛情は強く、引退後に監督兼選手として参加したグローバルリーグ（大リーグに対抗して創設されたもので米国、日本、ドミニカ、ベネズエラ、プエルトリコの5か国で国際リーグ戦を行うという構想の組織）では、所属の日本チームの名前を東京ドラゴンズと命名している。その愛着からも放逐された無念さは伝わってくる。

一方で濃人が熊本出身の江藤や久留米出身の権藤を重用したことで、地元記者やファンからはいわゆる濃人によってつくられた「九州ドラゴンズ」と揶揄された。

先輩選手が放出され続けるなかで、3年目の江藤はこの嵐の下で孤立するよりほかなかった。濃人の改革旋風が吹き荒れた1962年（昭和37年）のシーズン、中日は5月26日から6月6日にかけて10連敗し、最下位に転落した。

特に捕手は吉沢と酒井を出してしまったことで、人材が枯渇し、杉下監督時代に失格の烙印を押された江藤を捕手に戻すというありさまだった。事態を重く見た高田一夫代表は米国に飛び、ローレンス・ドビー、ドナルド・ニューカムという元メジャーリーガー選手を入団させた。日本球界には、かつて1953年（昭和28年）にはレオ・カイリー（ボストン・レッドソックス→毎日オリオンズ）、フィル・ペイン（ボストン・ブレーブス→西鉄ライオンズ）のふたりの大リーガーがいたが、彼らは朝鮮戦争下に日本の朝霞基地などに兵役で来た進駐軍兵士であり、軍の公務に就きながら、いわばパートタイマーとして契約したにすぎなかった。

他にはジョー・スタンカが1960年(昭和35年)にシカゴ・ホワイトソックスから南海に入団していたが、シカゴでは2試合しか投げておらず、実質は3Aの選手であった。その意味では、MLBで2度の本塁打王となったドビー、149勝を上げたニューカム(日本では外野手登録)は日本球界に初めてやって来たメジャーリーガーと言えた。シーズン途中ながら、ふたりの加入は大きな刺激となり、7月以降は勝ち越しが続いた。

柴田崎雄によれば、濃人が自身にとっても初めてとなるメジャーリーガーの起用を大過なく務めることができたのは、かつて米国との二重国籍であったからであり、その合理性からだと書き残している。

濃人が二重国籍であったのは、両親がハワイのカウアイ島に移住していたことから、出生届け出によって米国籍を自然と取得していたことによるもので、広島で育った濃人自身は広陵中学(現在広陵高校)卒業後に数か月、ハワイで生活したことが唯一の米国体験であった。しかし、1941年の日米開戦を控え、どちらかの国籍選択を迫られた際は少なからず「ふたつの祖国」を意識したであろう。

濃人には米国人選手へのリスペクトこそあれ、偏見もなく接していたのではないかと思われる。監督とのコミュニケーションが円滑に取れたドビーとニューカムはアーチをかける度に並外れたメジャーのパワーを示した。

しかし、あくまでもそれはカンフル剤的な効果でしかなく、愛すべき選手の多くを失ったことで、チーム内も外もすでに濃人のやり方には不満が渦巻いていた。「名古屋は難しい」とは40年後にこのチームの指揮を執った秋田出身の山田久志の言葉でもある。

濃人のチームの結果が出てもOBや評論家、地元のファンはこれを支持せず、観客動員数も落ちていった。恩師と慕った江藤もまた板挟みとなり、「ボクだって、オヤジさん（濃人）のやり方を疑問に思うよ」（『ドラ番三〇年』）と漏らすほどであった。

それでも江藤は奮闘を続け、最終的には打率・288、本塁打23本と野手のなかでは最高の成績を収めた。チームも大リーガーコンビの活躍で、借金10から持ち直し70勝60敗で3位に滑り込んだ。2年連続のAクラスであった。これで指揮官の続投は既定路線とも言われていた。しかし、12月10日に高田代表は突然、濃人の更迭を発表した。

この監督人事を権藤は「確かに濃人さんはケガをしていてもすぐに痛い痒いを言わない九州の選手が好きだったでしょう。しかし、それにしても急な解任は名古屋らしい風土の結果です。私に言わせれば、落合（博満元監督）と同じですよ。落合のチームだってあれだけ強かったのに野球が面白くないとか、客が入らないとか言われて叩かれる。落合が解任された時に『ああ、あの濃人さんの時に似ている』と思ったものです」

江藤は前年のオフにタカラジェンヌの瀬戸みちると結婚していた。武骨な男が、デートで映画『ベン・ハー』に誘い、瀬戸の最後の舞台となる『華麗なる千拍子』も見に行った。知り合って3年越しで成就させた結婚であったが、その仲人との別れでもあった。

中日は濃人を解任し、地元出身でチームのＯＢである杉浦清を15年ぶりにパイロットに据えた。これもまた２０１１年に行われた落合から高木守道へのバトンパスの相似形と言えなくもない。

4章

首位打者

1964〜1968年（昭和39年〜43年）

中日ドラゴンズ

右は本塁打、打点2冠王貞治（巨人）、左は新人王高橋重行（大洋）

結実

日鉄二瀬時代の恩師であった濃人渉はチームを去ったが、江藤の打棒は円熟味を増していく。九州時代は飲んだことのなかったビールの味を覚え、享楽に走ったことで成績を落とした入団2年目を反省し、そこから打率を毎年2分ずつ上げていくということを計画して実行していた。豪放に見える半面、極めて几帳面な男は目標を設定すると、どれだけ酒を飲んでも必ず毎夜打撃ノートを書き続けた。

新しい指揮官、杉浦清の下で1963年(昭和38年)は打率・290、本塁打は25本を記録して名実ともに中日の主力打者として4番に座った。

そして入団6年目を迎えた東京オリンピックの年。チームは初春のキャンプを和歌山の勝浦で迎えることとなった。杉浦監督の縁で実現したものであるが、これが球団史上に残る大失敗キャンプであった。杉浦の明治大学時代の球友が旅館を経営しているということで、宿舎は瀟洒なものであったが、肝心の野球専用グラウンドがなく、使用したのは巴川製紙会社の資材置き場であった。

ライトは切り立った山が迫っており十分な面積がなかった。一方、レフトにはパルプの屑が積まれていて、風が吹くとこれが舞い上がって野手の目を傷つけた。水はけも悪く、朝方に降りていた霜が昼頃に解けると、地面は泥田状態になった。マネージャーの足木敏郎は、仕方なくおが屑をまいて足場を埋めていた。投手陣はとてもではないが、投げられるスペースがないので距離の離れた妙法グラウンドを利用する。到底、プロが練習をするような環境ではなく、実戦練習が欠乏した。

2年目に入った杉浦は前任の濃人のカラーを一掃するためであったのであろう。大幅に選手を入れ替えた。チームの大型化を進めるために小兵の高木守道、板東英二、法元英明、さらには即戦力と言われ、後に沢村賞を受賞する福岡久留米出身の小川健太郎までを二軍に落とした。濃人のチームづくりが「九州ドラゴンズ」と言われたことからの反動であったが、いってみればこれも地域主義の裏返しであった。板東は、幼稚園の校庭を練習場にあてがわれた小川健太郎がやさぐれて、吸っていたタバコをポイ捨てしたことでボヤ騒ぎを起こしたことを記述している(『赤い手 運命の岐路』)。

ただでさえ劣悪な環境下であり、選手たちの反発も起きるなかで、江藤は中日の顔を担わされていた。

ドラゴンズの親会社、中日新聞はキャンプの時期になると注目の若手や売り出したい選手を紙面でしばしば押し出した。この年は、江藤本人にコラムの執筆を任せたのである。熊本商業時代に倉田百三を愛読し、引退後には新聞記者になることを夢見ていた男にとっては願ってもない依頼であった。

連載のタイトルは文豪を気取って「勝浦日記キャンプ徒然草」といった。徒然草ではあるが、これは夏目漱石にオマージュを捧げた別名「わが輩シリーズ」であった。日ごとに「わが輩はボールである」「わが輩はバットである」「わが輩は電話である」「わが輩はふとんである」というようにキャンプに関係する野球道具や日常生活用品を擬人化して、選手の生活をリポートした。鍛えなければならない春先にろくな練習ができない暗黒のキャンプの最中、江藤は健気なまでにユーモアを交えて筆をふるっている。以下、中日新聞より引用する。

―わが輩はユニフォームである―

わが輩はユニフォームである。主人は葛城(大毎より移籍)さんだ。昨年、主人のドラゴンズ入団が決まった時、わが輩はどんな人だろうかと写真や新聞を見たりしながら胸をわくわくさせ、きょうまで待っていた。―中略―まずわが輩は筋肉のりゅうとして、がっちりした体格に驚いた。それにからだが柔らかい。だんだん練習に力が入ってくると、主人の汗の玉がわが輩にふりかかってくる。―(中略)―ファンの皆さんも新しいドラゴンズの一員となった主人にあたたかいご声援を頼みます。わが輩もうんと張り切ります。

―わが輩はミットである―

胸に大きくKと書いてある。主人はいわずと知れた木俣さんだ。昨年ストーブリーグの話題をひとり占めした人だけにはじめから一本の筋金がはいっていて毎日はつらつと練習に打ち込む姿はなんとしても先輩（小川捕手）を抜いてやる……といった気迫と根性があり、わが輩はいまではいい主人に出会ったものだとちょっぴり自慢しているくらいだ。―（中略）―権藤さんに「キャッチングがいいな」とほめられ主人は少してれていたが、わが輩は内心大いにうれしかった。―（中略）―ちょっと心配になった隣のグラブ君がいった。「お前の主人は（足が）おそいな」と。しかしわが輩はわざと落ち着いてやった。「なあーに。カンのいい人だ。いまに盗塁王だぜ」

内野手の前田益穂とのトレードで大毎オリオンズからやってきた葛城隆雄と中京大学を1年で中退（ドラフト制度前であり、当時はプロが現役大学生に接触することに何の問題もなかった）して入団を決意した新人の木俣達彦をそれぞれユニフォームとミットの目線で読者に紹介し、その期待感を煽っている。大毎ミサイル打線の5番打者と、1年生ながら、愛知大学リーグで首位打者を獲ったMVP捕手の特徴を摑んだファンへのアピールは堂々とした広報の仕事である。現在ならば、球団のスマホを渡されてインスタを担当させられていたかもしれない。

木俣はこの新人時代に江藤の世話をするいわゆる付き人をするように球団から言われていた。九州ドラゴンズに対する揺れ戻しで何かと優遇された地元の新入団選手に対するいじめも頻繁にあったが、チームの顔となった大先輩は、付き人に対して決して尊大な態度をとらなかった。

木俣の著書『ザ・捕手』ではこのように書かれている。

「当時は有望新人が入ってくると皆で潰しにかかったのだ。とりわけひとつしかない捕手の座がかかっているだけに余計に執拗であったのだろう。それだけではない。『地元の木俣を使え』こんな指令も出されていたことがさらに拍車をかけていく」

「ちょうどこの時入団した私は、江藤さんの世話をする付き人を命じられていた。付き人といっても用具を運ぶ、頼まれたものを用意するなど、他の付き人と比べれば楽だった。このあたりにも江藤さんの人間性が感じられる。今ではほとんど聞かなくなった言葉だが、〝九州男子〟そのものの豪放磊落、男気あふれる方だった」

木俣の年俸が180万円、江藤のそれが約1000万円、そこには新人と主砲の差が如実にあった(ちなみにサラリーマンの当時の平均年収が46万円)が、付き人への理不尽ないじめはなかった。江藤はまたこんな記事も寄稿している。

―わが輩はバットである―

ボール君は愉快そうに飛んでいった。若手では島野(育夫)選手の鋭いスイングにびっくり。与那嶺コーチの満足そうな顔を、わが輩はチラリと横目でみてすぐボール君に向かっていった。しかし、ひとつだけさみしい気持ちになったのは、練習が終わるとポイとわが輩を投げ出し、柔らかい泥がついたままケージの中にうち置かれることだ。「なんだい、打つ時だけ大事そうにして」と仲間同士で怒っているうちにマネージャーの菅野さんとスコアラーの江崎さんがベンチまで運んでくれた。わが輩たちはさっそく緊急会議を開き、そういった選手にはホームランをレフトフライにすることに決めた。

後に中日や阪神でヘッドコーチを務めて星野仙一の懐刀と言われた島野がまだ2年目で、ここでも若い選手を紹介しようという配慮がうかがえる。一方、野球道具が粗末に扱われている現状を見て、ボールや裏方さんを大切にしなくてはいけないという訓示を説教くさくならないように書いている。記事は当然、同僚も読むであろうことから、これは紙面を通じての呼びかけでもあった。

江藤のチームに対する激烈な愛情は前年にもグラウンド上の行動として表れていた。

1963年(昭和38年)8月25日の雨中の中日球場での巨人戦である。江藤が2本のホームランを打って中日がリードするも王のアーチで6対6の同点に追いつかれた6回表1死、巨人の攻撃中にわかに雨が激しくなり、試合は中断した。守備についていた中日の選手たちが、ベンチに引き揚げるなか、江藤だけはずぶぬれになりながら、レフトの守備位置から動こうとしなかった。自分が戻れば、引き分けのままコールドゲームになってしまうのではないか。すでに試合は成立しているから、自身のホームランは記録されるが、それよりもチームとして試合に勝ちたいという気持ちのほうがはるかにまさっていたのだ。無言で試合の続行を訴える江藤は実に26分間激しい雨のなかを立ち続けたのである。

話を昭和39年に戻す。ベラ・チャスラフスカが舞い、アベベ・ビキラが甲州街道を駆け抜けたこの東京五輪イヤー、中日は17年ぶりの最下位に終わり、杉浦監督も途中解任という最悪のシーズンとなった。その大きな要因となった暗黒のキャンプの最中に江藤はそれでも粛々とリーダーとしての責務を果たしつつあった。その意識は秋に結実する。空中分解しかけたチームを牽引しようという意識は当然、プレーにも結びついた。

この年、三冠王を狙う王貞治と打率で競い合った。王は開幕から絶好調であった。4月には4試合連続、そして5月には4打席連続本塁打の記録を達成していた。結局、王が本塁打55本という日本記録を樹立していくシーズンの中で、江藤にはひとりの打者に三つもタイトルを取らせてはいけないという意識があった。終盤の追い込みが利いてついに打率・323で初の首位打者を獲得したのである。

シーズン後半には両足肉離れという大きなケガを負った。到底、バットを振れる状態にはなかったが、入団以来の連続出場記録へのこだわりは強く、最後まで打席に立ち続けた。試合連続試合出場については、小学校時代の母の言葉が大きかった。「慎ちゃん、学校を一日も休まない皆勤賞いうんはね、成績が一番の優秀賞と同じ重みなんよ」

チームで唯一140試合出場を果たした。「逃げたらいかんのじゃ、必死にやれば神様が助けてくれるんじゃ」という言葉を木俣は聞いている。

全試合出場の首位打者を祝う各界からの祝電が名古屋の江藤宅に山のように届いた。母はこの祝いの電報を一枚一枚整理して丁寧に保管した。それは今も江藤の長女、孝子のもとにある。


江藤は目標にしていた初のタイトルを獲り、プロ野球選手としての地位を確固たるものとした。交友関係も当然、広がる。セ・リーグとパ・リーグをそれぞれ代表する若いスラッガー同士として知り合い、やがて終生の友となっていく張本勲(当時東映フライヤーズ)との親交もこの頃から始まった。

きっかけは江藤が「わが輩はユニフォームである」で紹介した大毎オリオンズの葛城

と、東映のエースであった土橋正幸であった。

土橋は実家が浅草の鮮魚店で、都立日本橋高校を卒業後、家業を手伝いながら、同じ浅草六区にあるストリップ小屋「フランス座」の軟式野球チームでプレーしていた。渥美清、関敬六、谷幹一、深見千三郎、ビートたけしら戦後を代表するコメディアンを輩出したフランス座は野球チームもまた有名で、昭和31年に進行係で在籍していた作家の井上ひさしもそのレベルの高さをことあるごとに語っていた。

土橋はフランス座からテスト生で東映に入団した変わり種であったが、実力は疑う余地もなく、入団3年目には東映の主戦投手になっていた。当時のパ・リーグは、投手と打者は絶対に口を利かなかったが、葛城がたまさか、浅草のバーで飲んでいた際、生粋の江戸っ子の土橋が「ここは俺のシマだから」と勘定を持ったことから、張本も含めた3人の交流が始まった。やがて葛城が中日に移籍したことで、江藤にその輪が広がったのである。

張本の述懐。「中日に行った葛城さんはすぐに慎ちゃんと仲良くなってね。そんな話を聞いていたもんだから、じゃあオープン戦で東京に来たら、一緒に一杯やろうとなって、私と慎ちゃん、葛城さん、土橋さんの4人で居酒屋で飲んだ。それがヨーイドンの始まりだったんだよ」

キャンプ日誌の効果であろうか。セントラルとパシフィックのリーグを超えた交友が始まった。そして江藤と張本は知り合った当初から、気が合った。

「慎ちゃんは年が3つ上だけど、入団が同期でお互いに子どもの頃から貧乏で苦労を重ねていたからね、ウマがあった。五分の兄弟分だよ。ワンちゃん（王貞治）やミスター（長嶋茂雄）は野球では苦労しても生活で苦労したことはなかったと思うんだ。でも慎ちゃんも俺も本当の空腹を経験していたし、白いメシを腹いっぱい食べたいと思ってプロを目指した。そんなハングリーさも相性として合ったね」

在日韓国人二世として、広島市の大洲で生まれた張本は、物心がつく前に父親を亡くしている。貧しい生活のなか、4歳の時にトラックに追突されて焚き火の中に飛ばされ、大やけどを負った。小指と薬指は燃えて癒着し、親指と人さし指は今でも曲がったままである。広島に原爆が投下された8月6日には爆心地から2キロの地点で被曝する。裏手にあった比治山が熱と光を遮ってくれたおかげで無事だったが、可愛がってくれた長姉はこの時勤労奉仕に出ており、命を落としている。

日本語が不自由な母は、朝鮮人に対する差別も厳しいなか、東大橋の土手にあった六畳一間にトタン屋根をつけただけの家の一画でホルモン焼き屋を始め、女手ひとつで3人の子どもを育て上げてくれた。リンゴ箱をひっくり返し、布を被せてテーブルにして、そこで闇市で仕入れた内臓や同胞から分けてもらったマッコリを客に給するのである。母は

1円でも安い肉を仕入れるために広島駅の裏のマーケットまで毎日1時間かけて歩いて通った。店で客から肉や酒の注文を受けると、日本の文字がわからないので、墨で壁に印をつけてお勘定を記録していたという。

赤貧洗う生活のなかで、母は決して韓国人の誇りを忘れるなと子どもたちに教えた。張本が東映フライヤーズ入団時に外国人選手枠の問題で（当時は、外国籍選手は2人までで在日コリアンも含まれていた）帰化を勧められたが、母は「祖国を捨てるくらいなら野球をやめろ！」と諫《いさ》めた。それに感動した東映の大川博オーナーが動いて、以降は日本の学校（＝一条校）を卒業した選手は外国人の扱いとしないという協約に改正させた。張本の母が日本プロ野球界の門戸を広げる規制緩和を実現させたとも言える。張本もまた母を慕った。プロ入り3年目に後のノーベル文学賞作家大江健三郎との対談（『世界の若者たち』）のなかでこう語っている。

「まあ、僕が一番尊敬しているのは、おふくろですよね。いつも僕にそういうことをいったですからね。お前は韓国人であるし、そういうことに胸を張ってなんせよ、と」

張本が大阪の名門浪華商で野球をやりたいと言うと、タクシーの運転手をしていた兄は1万8000円の給料から、1万円を仕送りしてくれた。そんな境遇のなかで張本は、「絶対にプロ野球に入って恩返しをする」という決意を固めて練習に励んできた。両親に楽をさせ、3人の弟を大学にやるためにノンプロ時代から仕送りを続けていた江藤と合わないはずがなかった。もちろん互いの高度なバッティング技術を認めていればこその信頼関係も大きかった。

「慎ちゃんは、仲良くなってくると年上なのに俺のことを兄弟、兄弟と言うから、いや、自分が下なんだから、ハリと呼んでくださいよと言っていたんだが、『お前、菅原文太はわしより年上やのに五分の兄弟分やっとるやないか』と言われてね。まあそれならと、なったわけです」

張本が俳優の菅原文太と近しくなったのには、親会社絡みの理由があった。東映の岡田茂会長から『仁義なき戦い』がクランク・インする前に「お前が（映画の舞台となる）広島の言葉を文太に教えてやってくれ」と頼まれたのである。自身も広島出身の岡田会長は「仁義」における笠原和夫の脚本の肝は広島弁のセリフにあると看破しており、仙台出身の菅原に身につけさせる必要性を考えていた。張本は菅原と一緒に広島や呉を訪問して、何度も方言を指導したのである。

「あとがないんじゃ、あとが」「狙われるもんより、狙うもんのほうが強いんじゃ」「そがな考えしとったら、スキができるど」「サツにチンコロしたんはおどれらか」

これら『仁義なき戦い』の菅原の名セリフの抑揚、アクセントは張本の監修であった。

「最後のセリフの『弾はまだ残っとるがよう』は『弾はまだ残っとるけん』のほうが広島弁としては正しいんだがね。慎ちゃんも文太さんももう逝ってしまったなあ」

張本は電話のインタビューの最後を江藤、そして文太を偲ぶような口調で締めくくった。1965年(昭和40年)は西沢道夫新監督の下、四国・松山でのキャンプとなった。前年の勝浦でのキャンプ連載が好評であったためにこの年も江藤の筆による「キャンプ徒然草 松山日誌」が中日新聞紙上を飾った。

顔

首位打者を獲得した翌年、江藤は開幕後に肉離れを再発させて、出遅れてしまう。連続試合出場も804試合で途切れてしまった。一方、王は一時のスランプを抜けると打ちまくった。6月には4分ほどの打率の差ができていた。しかし、夏場に強い江藤が調子を上げて巻き返しをはかると、8月21日には王・330、江藤・329と1厘差に迫っていた。これ以降、猛暑の中で10月まで日替わりで首位が変わるという壮絶なバットマンレースとなった。江藤はむき出しの闘志で日々の試合に向かっていた。残り一週間を切った10月16日、17日は、広島との連続ダブルヘッダーであった。二日で4試合というハードな日程であったが、江藤はここを勝負どころと踏んでいた。中日がデーゲームであるのに対して巨人はナイターで、昼間に差をつければ、王にプレッシャーをかけることができる。広島市民球場に足を一歩踏み入れて驚いた。カープファンが皆、自分を応援してくれているのだ。「きばれやー江藤！」「ピッチャー、今日はカバチたれんと打たしちゃれ！」江藤は声援に背を押されると、デッドヒートで疲れた身体に最後のムチを入れて、4試合で15打数7安打という結果を叩き出した。これで勝負あった。最終戦までさらに8打数4安打と数字をあげて、.336で前年に続けてのリーディングヒッターとなった。

江藤慎一の2年連続(1964年、1965年)となる首位打者獲得はONの全盛期に成し遂げられた快挙だけにその評価は高く、本人はチーム内でも不動の地位を築いていく。脂ののった主力スターの元には選手も記者も集う。特に昭和のプロ野球は番記者もまた公私のケジメが猥雑で、チームの一員として選手と一緒に遊びもするような存在であった。

江藤の長女である孝子は当時の家の中の様子をこう語る。

「私はまだ幼かったのですが、おじいちゃんもおばあちゃんもおじさんたちも熊本からやって来ていて、その大家族が父のバットに一喜一憂するような家族だったというのは強烈に覚えています。皆でテレビの巨人戦を見ていて、『今日は勝ってるから、機嫌がいいぞ』とか盛り上がっていて……。機嫌がいいということは、ものすごい人数の客人を連れて帰ってくるっていうことなんですよ」

首位打者を獲得した不動の4番は年俸も倍々ゲームで上昇していったが、散財の仕方も半端ではなかった。給料については、現金支給であった当時、江藤の月給袋は札束で分厚く膨らんでいて文字どおり立った。

マネージャーの足木敏郎は、毎月25日の給料日になると経理担当から監督以下全選手分の給料袋を受け取り、風呂敷に包んで球団事務所から、原付バイクに乗って15分ほどの距離にある球場に運び込むという大任を担っていた。家が一軒建つくらいの大金の運搬にもかかわらず、警備がつくわけでもなく、足木は試合終了後まで肌身はなさず風呂敷を抱え、選手たちが戻ってくると、ロッカーで一人ひとりにねぎらいの言葉をかけて袋を渡し、領収書にサインをもらった。

1964年当時、チーム一の高給取りは、日本球界最高の年俸で契約をしていた元メジャーリーガーのジム・マーシャルであったが、江藤は茶目っ気を出してその最も厚い給料袋を「ああ、こいつが俺のだな」と言っていつも持って行こうとして足木を慌てさせた。マーシャルほどではないにせよ、一般的な会社員の10倍近い江藤の現金収入は家族のみならず周囲の人々のために還元された。

江藤家では、ホームで試合がある時は大宴会が毎夜のように催された。孝子が言う。

「新聞記者さんとか、柿本(実)さんや権藤(博)さんなどの選手は、とにかく毎晩飲んで食べてのどんちゃん騒ぎで、おばあちゃんと母親と、あとお手伝いさんが何人かその時だけはヘルプに来ていました。子ども用のビニールプールがあるじゃないですか。あれを庭先に出して氷水を入れてビールを大量に冷やしていました。それを記者さんたちが好きなように取ってガンガン飲みまくる。そういう世界でした。だから私はいつも、あれは私のプールなのになって、思っていたのを覚えています」

当時、江藤家は東山動物園の裏にあった。深夜になると動物の鳴き声が聞こえてくるような静かな住宅地であったが、中日球場(当時)で試合のある時はにわかに活気づく。近所の商店街から、さまざまな食材や酒が昼過ぎから次々に配達されるのだ。

「夏場は庭で毎晩バーベキュー大会ですよ。父は機嫌が良くなってギターを弾いて大声で歌いまくって、多分騒音で何回も通報されているはずなんです。私は寝ぼけまなこでなぜかうちにはお巡りさんがよく来るなって思っていました。選手とは仲が良かったですね。外国人ともコミュニケーションをよくとっていて、母は少し英語ができたのでマーシャルの奥さんを松坂屋に連れていってあげていました。娘さんがアリスちゃんといって私と同世代で家族ぐるみで付き合っていました」

マーシャルと組んだ4番、5番は、相手チームにとっては脅威だった。そして最高年俸はメジャーリーガーに譲ってもあくまでも4番の座は江藤のものであった。それは当時の社会通念的にも認められていた。

漫画『巨人の星』の中で、原作者の梶原一騎は、中日のコーチとして登場する星一徹から超人アームストロング・オズマに対して「お前を明日から5番を打たせる」と告げさせ、さらにこう言わせている。

「いまさらガラにもない謙遜は無用　5番はおろかONと並ぶ江藤がおらにゃ4番でも通用するっ」もちろん、オズマは梶原が創作した架空の超人で、漫画の中では、3本のバットを同時に振るあまりのバットスピードの速さに「見えないスイング」と称されるのだが、それよりも江藤は格上と断じられている。見えないスイングで大リーグボールを打つオズマでさえも江藤を差し置いて4番に据えることには、剛腕梶原一騎も気が引けたといえようか。フィクションの世界のなかでさえもまさに押しも押されもしない4番であった。

江藤は1967年(昭和42年)のオールスターゲームで王と長嶋を前後に従えてオールセントラルの4番を打った。その絶頂期とも言えるこの年に新人投手として中日でプレーした人物に往時のことを聞くことにした。場所は神宮球場。眼前では東京六大学秋季フレッシュトーナメントが行われている。人物は井手《いで》峻《たかし》、東京大学硬式野球部監督である。

井手は新宿高校から一浪後、東大に入学してシュートを武器とする主戦投手として活躍する(ちなみに後に名球会に入るスラッガー、谷沢健一の早稲田時代の初対戦投手が井手であった。結果はライトフライ)。卒業時に三菱商事に内定をもらっていたが、ドラフト3位で中日に指名されて入団している。

過去、東大出身のプロ野球選手が6人いるなかで、井手は最も実績を残している。投手として1勝を挙げ、野手に転向後は巨人戦において延長で決勝アーチを放ち、守っては往年の英智よろしく俊足と強肩でチームを救ってきた。アスリート性に優れたれっきとした二刀流の選手だった。井手もまた変わり種のプロ選手で中学時代は運動部にさえ所属しておらず、遊びでソフトボールをするくらいだった。

「母親が受験をしろと厳しくてね。父はまったくスポーツをしなかったですから、自分は突然変異かもしれません」。父は『青い山脈』などのシナリオを書いた東宝の脚本家の井手俊郎である。

「新宿高校に入った時も野球を許してもらえず、ようやく入部した時はショートでした。でもピッチャーをやっていた奴がグレちゃって学校に来なくなったんで僕が投手になった」。進学校の新宿高校でもグレる奴がいたのですか？と聞くと「いや、だって学校の場所が歌舞伎町の目の前じゃないですか」と笑った。

浪人時代は「俺の夢は東大に入って野球部を六大学で優勝させることだ」と息巻く五浪中の友人と予備校で野球部をつくった。井手が東大卒業後にプロ野球に進むと聞いた父親は、「俺は映画だが、お前までヤクザな道に行くのか」と嘆いたという。

井手が飛び込んだ世界は、その時代と相まってまさに常軌を逸した世界だった。

「僕が入った時は1番が中（暁生）さんで、2番が（高木）守道さん、3番が葛城（隆雄）さん、それから江藤さんでしょ。ONがいた巨人には勝てなくて万年2位の時代でしたが、すごい打線で江藤さんはそのなかの侍大将ですよ。中さんのほうが年上だったけど、おとなしかったから、江藤さんがチームの大将。今は、20歳過ぎまで球団も禁酒を守らせますが、当時は高卒新人もガンガン飲まされていました。僕ら新人がちょろちょろ飲んでいると、こっち来いって呼ばれるのですが、とにかく飲み方が豪快でね」

井手は遠征時の旅館での様相を話してくれた。

「試合が終わってから、着替えもせずにユニフォームのまま江藤さんたちが飲んで食べてる。それでそのうちギター持ってこいってなるわけです。こっちはこっちで菱川（章）なんかとその弾き語りを聞いているんだけど、それを11時頃までやっていてコーチの杉山

（悟）さんに怒られました。『お前らユニフォームのままでそれはねえだろう』って」

それでありながら、江藤は決して裏方のスタッフなどに尊大な態度はとらず、丁寧な物腰で接した。筆者は当時を知る記者や選手に話を聞いたが、ボールボーイや用具係、マネージャーに対しても分け隔てなく態度を変えることはなかったという。

先述したが、マネージャーの足木に電話する時は、必ず「お世話になっております。江藤でございます」とのあいさつから始まった。

いかに年上といえどもマネージャーは移動の切符や試合のチケットの手配など、選手の雑務も代行するという職制から、ぞんざいな口を利く中堅選手も少なくない。中日が別府でキャンプを張っていた時代、あまりの豪雪で急遽、名古屋に帰ることになったことがある。足木が必死の思いで50人分の切符を３本の列車に分けてかき集めたのも束の間、自分の席が寝台列車の上段ということで、「俺が何でなんだよ！」と食ってかかってきた選手がいた。ベテランは下段という不文律があり、選手にはプライドがあるのもわかる。しかし、急な手配で配慮もできない事態のなかで自分よりも若い者に怒鳴られるのはつらい。

一方、江藤はチームでの立場が上がっても裏方や新人記者に敬語を絶やさなかった。

長女の孝子に集めてきたこの事実を告げるとこんなことを言った。孝子は今、アーティストをプロデュースする誰もがその名を知る大手エンターテインメント会社で要職に就いている。

「私もプロデューサーとして表に出る人たちを輝かせるためにいろんなことを仕事でやるわけです。それはたったひとりのアーティストでもバンドや照明、ＰＡ（音響）、いろんなスタッフが何十人、何百人といてやっと輝くんです。アーティストの才能を引っ張り出すにはそういう人たちの協力が絶対に不可欠なんです。現場に入った時に、この裏方の人たちのことを真っ先に考えてよくしてあげるというのは、私の仕事の信条の1番目にあります。それは恐らく父親がそうしてきたからじゃないかと、40歳ぐらいになって気づきました。自然にアーティストには、『あの人に必ずお礼を言ってね』、『この人はあなたの知らないところでこういうことをやってくれたんだよ』、キャリアのある人でも新人でも等しく全部説明します。恐らく父がそういう振る舞いをしていたのを見ていたからだと思います。若い記者にも丁寧だったし、ボールボーイの方とか、グランド整備の人たちにサインをすぐ書いてあげていた。そういうのをすごく記憶しています」

山賊の酒盛りのような飲み会の中心に江藤はいた。しかし、首脳陣もまた江藤を頼った。

大将

以下もまた明晰な井手の記憶の1ページである。

「僕が入団した年、西沢(道夫)さんが監督の時に審判の判定で揉めて放棄試合になりそうな試合が1回あったんです」

それは1967年(昭和42年)9月20日に中日球場で行われた巨人戦だった。7回表、3対1でリードする巨人の攻撃で一塁に金田正一を置いて柴田勲がレフト線に長打を飛ばした。柴田はツーベースを狙って快足を飛ばしたが、投手の金田が自重して二塁にいるのを見て慌てて一塁に駆け戻った。この間、レフトの葛城隆雄、サード伊藤竜彦と中継されたボールはファーストの江藤のミットに収まり、柴田の右足にタッチされた。塁審の円城寺満はアウトを宣告。しかし、これに怒った柴田が円城寺を突き飛ばした。現在ならば、この段階で退場であろう。

しかし、さらには一塁コーチの荒川博、ヘッドコーチの牧野茂も円城寺を追い回すかたちで手をかけた。すると審判は暴力に屈するかのように判定をセーフに切り替えたのである。

今度は中日側が激怒する。タッチした江藤、西沢監督、杉山コーチが血相を変えて抗議に走った。温厚で知られた西沢が激高して突いた。しかし円城寺は場内マイクで「タッチの要らないフォースプレーと勘違いしていた。セーフだった」と釈明。VTR判定のような明確な根拠もなく、抗議によってアウトがセーフに切り替わったことで円城寺は「私が審判を辞めて責任を取ります」と説明し、場内は球団役員やファンを巻き込んでさらにヒートアップした。

あらためて審判に暴力を振るったとして柴田と西沢に退場が宣告されたが、判定はセーフのままであり、事態は収拾がつかない。憤懣《ふんまん》やるかたない中日の選手たちはベンチに戻るどころか、試合途中で帰宅してしまおうと動き出した。しかし、放棄試合になると球団に莫大な負担がかかってくる。

「その時ですよ。退場になった西沢さんが江藤さんに『ここは悔しいが、慎一やってくれ。頼む』と言ったんです」

タッチプレーの当事者であり部類の負けず嫌いの江藤の無念さはいかばかりであったか。2点差で負けていてさらに一塁二塁とピンチを背負う。

「でも江藤さんが、笑って『仕方ない。よし、みんな行くぞ！』と声をかけたおかげで帰りかけた選手が守備位置に散ったんです」。すんでのところで放棄試合は免れた。

「リーダーシップがありましたね。そしてチームが好きだったんでしょう」

後述することになるが、江藤はこの2年後に水原茂監督との確執で中日を去ることになる。

井手は投手を3年やったあと、内野手にコンバートされ、権藤博や伊藤竜彦とサードのポジションを競うも芽が出ず、野球を辞めようかと考えていた時にその身体能力の高さをヘッドコーチであった与那嶺要に評価された。「俺が来年監督になったらお前を外野で使うから辞めるな」と言われて1972年（昭和47年）から、新しい守備位置に挑戦する。やがて外野の守備固めには欠かせない存在となり、1974年（昭和49年）の中日の優勝に大きく貢献する。

「僕はフロントを含めて50年近く、ドラゴンズにいましたが、自分にとってはさっきの入団した年とこの優勝した年のオーダーは、ずっと忘れられずにいるんです。きっとふたつがつながっているんですね」

1968年（昭和43年）、江藤慎一はプロ10年を終えた。当時は10年実働した選手には、ボーナス（＝再契約金）を受け取るか、移籍の権利を行使できる10年選手という制度（1947年から始まり1975年に廃止）があった。現在のFA制度の前身とも言われているが、FAと異なるのは、選手が自由に移籍先を選ぶことはできず、行使を宣言した上での交渉がシーズン順位の下位チームからのウェーバー方式と決まっていたことである。

選手の権利としては、行きたくない球団からのオファーを2球団まで拒否することが認められていた。国鉄スワローズに在籍していた金田正一は、1964年（昭和39年）にこの制度を利用し、交渉テーブルについた中日と広島を拒否して巨人に移籍している。

選手生命が今よりも格段に短かった当時、10年選手の認定はそのインセンティブを行使できることで、ひとつの勲章とも言えた。巨人にいたウォーリー与那嶺が川上哲治と確執を持ったのは、この資格を得るオフに監督の川上に自由契約にされたからと言われている。江藤と同期入団の板東英二もまた壊れていた肘にメスを入れてまで10年ボーナスにこだわったものである。

「手術後のリハビリは思うようにいかず、指先を動かすことすら辛い日があった。それでも『10年ボーナス』をもらうため、球団には肘は完治したと告げ、なんとか翌年の契約も済ませ、二百七十万円のボーナスを手にすることができた」(『赤い手 運命の岐路』)

板東の肘は高校時代からの酷使によって、執刀医に「君は70歳の肘をしている」とまで言われるほどに限界に近づいていたが、江藤はこの年も・302の打率を残し、セ・リーグ打率部門では王貞治、長嶋茂雄、山内一弘に次ぐ4位、本塁打は36本を放った。すでに名古屋において不動の地位を築いていた中日の4番は移籍を考えることもなく、11年目の契約を済ませた。

一方、チームは中利夫が眼を患い、高木守道が巨人の堀内恒夫から受けた死球で離脱を余儀なくされ、センターラインが揃って欠場となったことが響き、最下位になっていた。

5章　放出

1969年（昭和44年）中日ドラゴンズ

改革

球団はここで起死回生を図った。1969年(昭和44年)のシーズンを前に水原茂に監督就任を要請したのである。それまで中日の指揮官はすべてチームOBの手にゆだねられてきたなかで、初めて外からの血が導入されることとなった。それも巨人軍監督時代(1950~1960年)に11年間で8度の優勝、東映フライヤーズ(1961~1967年)に移ってからも低迷していたチームを初戴冠に導いた屈指の名将である。

実現に向けて慌ただしく動いたのは、親会社の中日新聞というよりも水原へのパイプが太い中部財界の慶應閥と言われている。セ・パを通じて合計9度の優勝を成し遂げた三大監督のひとり(ほかは鶴岡一人、三原脩)が着任することになり、マスコミはいきなり1954年(昭和29年)以来のペナント奪取かと湧き立った。しかし、チーム強化の中長期ビジョンというよりも地元経済界主導というこのリクルートの仕方に早い段階で警鐘を鳴らした人物がいた。

ドイツ文学者で、この1969年1月にアメリカの作家J・D・サリンジャーの『九つの物語』を翻訳した明治大学教授(当時)の鈴木武樹であった。後にロバート・ホワイティングの『菊とバット』を最初に日本語で紹介することとなる鈴木はプロ野球に対する見識も深く、1968年(昭和43年)から『週刊ベースボール』でコラムを連載していた。以下引用である。

「優勝の十字架を性急に負わせるより、むしろ、三年先、五年先を目指す、地道なチームづくりを期待するほうが、水原さんのためになるであろうし、またそのほうがこの球団の永続的な繁栄にとっては望ましいところではなかろうか?」

コラムのなかで鈴木は中日首脳部と水原が契約などを詰める会談の場に、中部財界人ふたりがついていったことに対して手厳しく批判している。

「あれなど、六十歳に近い人間にたいして非常に失礼な、水原さんをひとつの人格として認めない、屈辱を強いるような行為であるのに、それが、あのふたりの名古屋人には、いい年をして、かいもく理解できないというのは、バカバカしいほど滑稽な話ではないか?」

「ちなみに、あのふたりのうちのすくなくともひとりは、中日ファンではなく読売ファン、水原ファンだとのことだ。彼あるいは彼らが、それほどまでにして水原さんを監督にしたいのなら、よくは知らないがあの二つの会社はわりあい大きな会社なのだろうから、自分たちでどこかの球団を買いとり、そのクラブを名古屋にもってきて、自分の好きな人間を監督にすればよいと、わたしは考えるのである」

大学教授の枠に留まらない鈴木はクイズダービーの初代解答者としてテレビのレギュ

ラー番組を持ったり、革新自由連合から、参議院議員選挙に出馬したりするなかで、プロ野球に関する膨大な知見を発信し続けてきた。

1968年のドラフトで中日に1位指名された星野仙一は、明治大学の教養課程時に十一号館でドイツ語の指導をした直接の教え子(星野のドイツ語の成績はとても優秀であったという)である。巨人に指名の約束を反故《ほご》にされたということで、報知新聞での座談会で田淵幸一(法政)、大橋穣(亜細亜)らに向かって「俺がいるのに巨人は(島野修という)あんな小僧を(指名しやがって)」「組合でも作ろうぜ」「全員プロ入りをボイコットしてノンプロ行きだ」「ドラフト制度などぶっこわせだ」「おれは巨人にあたった夢を二回も見たんだぞ」と息巻く強気の右腕に対し、「星野よ、よく考えろ」と一喝を下すコラムを書き下ろしている。

その中では、第二次大戦中のプロ野球興行は敵性スポーツとして官憲の弾圧まで受けながら、敗戦の前年まで公式試合を開催していたという事実を伝え、それがどれほどの危険を伴い、勇気のいったことであるかを星野に説いている。先人たちは「命をかけてまで野球を愛していたのだ。沢村(栄治)、景浦(将)、中河(美芳)ら、野球がしたくても戦争に駆り出されて犬のように殺された選手のことを思え」

ドラフト制度の在り方について疑義を呈する星野に「このプロスポーツは、ここ数年来、はじめて、十二球団の全体がひとつの企業であって、個は全体に従属するものであることを悟りはじめた。この認識を持たなければ、十二球団は共倒れになる恐れが生じたのだ」「プロ野球にはいるということは、高い契約金で、《球団を選択する自由》を売ると考えればよいのだ。だからドラフト制度は《人権侵害》でもなんでもない。もしそうなら、宮沢俊義教授という日本一の憲法学者が、コミッショナー委員長として、それを黙認しているはずがないではないか」と諭している。

最後には「そして、いつかきみが野球を職業とする人間になったあかつきはそのときは、いくらでも強気の言動をするがよい。―中略―それからもう一つ、プロ野球選手の君の生活を支えてくれる名もないファンたちには、いつどんなときにも、優しい態度を示すように」

話が少しそれたが、江藤のプロ11年目1969年(昭和44年)は、球界きっての名将を迎えて幕が開いた。

この年に入団して来た高卒選手に生前、当時のことを聞いた。

1968年、大分県立中津工業の大島康徳は高校で野球を始めて2年半で中日からドラフト3位指名を受けた。

「私は中学1年の時にテニス部、中学2年生からバレーボール部、野球は一切やっていません。好きではなかったのです」。ではなぜ、高校から始めたのか。「相撲をやるのが嫌だったんです」

中津工業に入学したら、そこは相撲の強豪校。5歳の時に右目をほぼ失明しながら、昭和の名横綱に昇り詰めた双葉山を生んだ宇佐市を内包する大分県は、相撲が盛んな土地である。運動能力に秀でた大島は中学時代、宇佐神宮の相撲大会に学校代表で駆り出されて個人優勝をしている。

そんな逸材がリクルートされるのは当然だったが、大島はまわしを締めるのが大嫌いで逃げ回っていたら、相撲部の監督が野球部の監督に伝えた。「こういう面白い生徒がひとりいるが、野球をやっても伸びるんじゃないかと思うんですと。それでやることになったわけです。でも最初は嫌で嫌でどうやって逃げ出してやろうかと、そればかり考えていました」

リトルシニアもボーイズリーグも発足する以前である。それどころか、中学時代は軟球すら握ったことのなかった大島の才を見いだしたのは、本多逸郎スカウトであった。大島本人はプロに行く気持ちさえなかったが、大分県大会で見たたった一本のホームランで本多はその潜在能力にかけることにした。

とはいえ、まったく無名の選手には球団に対しても保険をかける必要があった。本多は大島に名古屋に来て愛知学院大学のセレクションを受けてほしいと告げた。

当日、愛知学院のグラウンドには大学野球部の指導者はもちろんいたが、中日球団の関係者も見守っていた。大学との友好関係を利用した入団テストとも言えた。そこで投手登録をされていた大島の投げた球の速さ、打った打球の飛距離は、ドラフトの3位指名に相当すると判断された。こうして無名の新人は入団を果たしたが、野球に興味のなかった人間ゆえに入団当初は苦労の連続であった。

選手寮に入り、まずは投げてみなさいと言われて腕を振った。二軍ピッチングコーチは長谷川良平。身長167センチの小柄な体でエースとして創成期の広島カープを支え、市民球団の資金調達のために広島市内の劇場で歌まで歌ってカンパを集めてきたという小さな大投手は一球を見て言った。「これはピッチャーとしてはダメだよ」

即座に投手失格の烙印を押された。たとえ150キロを出しても投手のボールになっていなければ、マウンドに上がることはできない。逆に球速は遅くともこれは打者に通用すると判断されれば、戦力として重用される。大島は前者であったが、やがて打者として2000本安打を達成する。

「プロ野球を知らない。そしてドラゴンズ自体を知らない18歳の子どもでした。夜行列車で中津(大分県)の田舎から出てきて、合宿所の門もなかなか叩けずに、前で朝までじっと待っているような子どもがそのままドラゴンズに入ったわけですから、右も左もどころか、何もわからない。入団したら、大将の江藤さんを筆頭に中さん、守道さん、そこに六大学から星野さんが来ているわけですから、すべての人が私にとっては、もう別格の人です。個性の強い人たちは、俺たちは遊ぶために野球をやるんだっていう感じだったですね。いい思いをしたかったら、結果を残せ。それが当時の野球選手でした。18歳の坊主からすれば、これはとんでもないおっさんたちの集団だという印象を鮮明に受けました」

同じ九州出身で右の強打者、江藤との出会いはどうであったのか。

「スーパースターでしたから、いくら九州でも話ができるわけがないじゃないですか。キャンプの時に新人の役目で先輩のサインを色紙にもらってくるというのがあったんですが、江藤さんの部屋にこわごわ行ったら、タバコの煙がもくもくしていて、先輩たちが麻雀をしていて、そこの横で大将がギターを弾いて歌いまくっているんです」

雲の上の人で口も利けない存在であったが、大島は江藤との大きな接点を設けられた。投手失格となったが、裏を返せばそれは打ちやすい球を投げるということである。専属のバッティングピッチャーに指名されたのである。

ここでも江藤は特別の扱いを受けていた。大島が緊張しながら、カゴからボールを取って投げようとすると「それじゃない！」とコーチに叱られた。江藤のフリー打撃には必ず下ろしたてのニューボールを使うという決まりごとがあったのだ。

「毎回、頭の中が白くなりましたが、とにかく精いっぱい、江藤さんの好きな外角に向かってボールを投げました」

先輩の井手峻が言った。「江藤さんは飛距離の出る新しいボールで艦砲式をやりたかったんですよ。特に巨人戦は、ONの前でレフトスタンドにバンバンぶち込むのを見せつけたかったんでしょうね。あの頃は、選手が主力打者に向けてバッティング練習で投げていましたから。僕は中さん専門でしたよ」

江藤と大島が同じチームでプレーしたのは、この1969年の1年のみ。片やスーパースターで片やまだ何の実績もない新人ではあったが、緊張しながらもひたすら誠実にバッティングケージに向けて投げられたボールの記憶は両者をつないでいた。

大島は言った。「江藤さんが中日を出られて、自分がぼちぼち一軍の試合に出始めた頃、チームの外からも気にかけてもらいました。僕が名球会に入った時も本当に喜んでくださってよくしてもらいました」

熊本と大分、名球会の九州出身の右のプルヒッターの系譜は江藤から大島につながった。

大島の郷土愛を示す逸話がひとつある。1979年(昭和54年)7月14日、ジャイアンツを6対4で下した中日の4番は試合後、名古屋場所に来ていた西前頭6枚目の力士に会いに名古屋観光ホテルに駆けつけた。力士は中津工業の相撲部出身で大島の2歳年下だった。

この日、鹿取義隆から15号アーチを放った当夜のヒーローの登場にホテルロビーは湧きたち、力士は恐縮していたが、大島は自分のことよりもこの後輩をさかんに気遣っていた。

力士は「自分なんかが、大島さんのようなすごい先輩にお会いできて光栄です。今年ようやく幕内に上がったのですが、今場所はもう負け越しが決まっています。恥ずかしいです」「そんなこと言うなよ。君は前頭6枚目だろ？ プロ野球で言えば、12球団のなかで20番目の選手じゃないか。俺はとてもそんな位置にいない。君のほうがよっぽどすごいじゃないか」

このやり取りを明治大学の寺島善一教授が見ていた。寺島は鈴木武樹の後輩筋にあたり、後に明治の野球部長も務める人物だが、大島の振る舞いに感じ入ったという。「偉いと思いましたよ。巨人戦でホームランを打った日に先輩面するわけでもなく、番付が落ちることになって憔悴している高校の後輩の気持ちを支えてやろうという気概が伝わってきました」

力士は廃業した後、故郷の中津に帰ってちゃんこ料理屋を始めた。大島がある年、野球部のOB会をその店で行うと、プロに入ろうとしていますという息子を紹介された。

「プロ、アマ規定があるのであまり接触はできなかったのですが、わかった、とにかく頑張りなさいという話をしました」

それが柳ヶ浦高から横浜ベイスターズに入団する山口俊であった。

水原茂

ここで日本のプロ野球(当時職業野球)の草分けである水原茂が、1969年(昭和44年)に中日の指揮官に就くまでの経緯をさらってみる。

水原は高松商業から慶應大学へ進み、花形三塁手として鳴らした後、満州は奉天の自動車会社に就職していた。給料は本給60円に植民地手当60円がついて120円。大卒の初任給が65円程度の時代であったので、かなりの厚遇といえた。そこへ大学の先輩である三宅大輔が訪ねて来たのは1934年(昭和9年)の夏であった。「秋に読売新聞がベーブ・ルースを擁する大リーグのチームを日本に招いて試合をすることになり、迎え撃つ全日本チームをつくることになった、ついてはぜひ君にも参加してもらいたい」ということであった。そして「このチームは対戦後も解散せずにそのまま職業球団になる」と付け加えた。大日本東京野球倶楽部、巨人軍の誕生である(三宅は巨人の初代監督に就く)。勤め人に馴染めずにいた水原に異論はなく、すぐさま内地に戻って、日本初のプロ野球球団に入団する。来日した大リーグとの試合は全敗を喫するが、オーナーの正力松太郎の意気は高く、翌年2月にはチームの愛称をジャイアンツとし、武者修行としてのアメリカ遠征が敢行された。「大リーグに追いつけ、追い越せ！」がスローガンだった。この時、ロシア革命勢力に追われたロマノフ王朝の将校コンスタンチン・スタルヒンの息子、ヴィクトル・スタルヒンがエースピッチャーとして帯同していた。亡命白系ロシア人二世のスタルヒンは旭川中学で活躍しており、本人は学生野球を続けたかったが、読売に目をつけられ巨人軍への入団を迫られた。読売からの圧力はすさまじく、この勧誘には右翼の巨頭頭《とお》山満《やまみつる》までが登場し、最後は入団せねばロシアへ強制帰国をさせると脅されて職業野球入りを余儀なくされた。すでにロシアでは独裁者スターリンが君臨しており、故国に帰ればスタルヒン一家の重刑は火を見るよりも明らかであったからだ。このスターリンの存在は後の水原の半生にも大きな影を落とすことになる。

巨人軍を乗せた秩父丸がサンフランシスコに入港する。選手たちが下船していく中、スタルヒンはひとりだけ米国への入国を拒否されている。旅券が問題とされたのだ。スタルヒンは国際連盟がロシア革命で流出した難民に対する救済措置として発行したナンセン・パスは持っていたが、これは日本入国においてのみ通用するもので、他の国には効力がない。政治難民の子である彼は、無国籍者のままであった。読売の政治力で米国訪問は許可されたが、まだ10代の若者には残酷な扱いであった。サンフランシスコ滞在中、水原はスタルヒンと同部屋であり、何かと面倒を見ていた。巨人軍一行が米国遠征から帰国した1935年(昭和10年)には2つ目のプロ球団、大阪タイガースが設立。翌年には名古屋、東京セネタース、阪急、大東京、名古屋金鯱と続き、日本職業野球連盟が結成された。リーグ戦が始まると、水原は三塁のレギュラーとして、活躍を続ける。

しかし、日中戦争の勃発により、戦禍が職業野球にも覆いかかってきた。平時であれば、21歳で軍務に服し2年間で兵役から帰ってこられるが、開戦中であれば、除隊どころか実戦での戦死すら覚悟しなくてはならない。巨人からは沢村栄治が兵隊に取られ、タイガースに至っては藤村、山口、藤井、御園生そして景浦が入営していき大阪の名門は崩壊した。太平洋戦争に突入すると、年齢を問わず兵隊に呼ばれた。33歳となっていた水原のもとに召集令状が届いたのは、1942年(昭和17年)9月1日。巨人の三塁手としてシーズンMVPを受賞した直後だった。水原は地元丸亀の歩兵12連隊に招集され中国大陸に送られると、満州国虎林地区九三六部隊に配属された。8年ぶりの満州であった。半年ほどで上等兵に昇進すると、兵器委員室勤務となった。何とか帰国をしたたく、内地帰還すると言われた部隊への転属を画策したが、この工作が裏目に出て九三六部隊は帰還し、転属先の部隊は満州に残って牡丹江の防衛にあたることになってしまった。8月9日にソ連軍が参戦するとの報が入り、13日には爆撃を受けた。「水原分隊は牡丹江に架かった橋を死守せよ」との命が下った。しかし兵隊は12名しかおらず、ソ連戦車部隊を防ぐことなど到底できない。この時、水原は死を覚悟した。それでも決戦のための穴を掘っていたら、「橋は爆破して引き揚げることになった」と命令の変更が伝えられて九死に一生を得た。8月15日に敗戦を迎え、ようやく内地に帰れると安堵していたが、9月1日にはソ連軍の軍使が来て武装解除を命ぜられた。かつて管理していた恩賜《おんし》の武器を差し出し、ここから水原は極寒の地、シベリアに送られたのである。

これで帰国できると思っていた兵士の身からすれば知る由もなかったが、日本軍捕虜のシベリア抑留はスターリンによる「50万人の日本人をソ連領内に移送して労働させよ」という1945年(昭和20年)8月23日の極秘命令によって決定されていた。第二次大戦によって約2000万人の死者を出したソ連にとって労働力の確保は急務とされており、スターリンは日本人捕虜の徴用を考えたのである。

水原は氷点下30度に下がるシベリアに37歳で抑留された。ラーゲリ(収容所)では、何人もの仲間が凍傷、飢えで亡くなり、異国の凍った大地の下に埋められていった。栄養不足に加えて路盤掘りなどの重労働が重なり、結核、チフス、赤痢……、多くの病いが発症した。倒れると簡易病院に運ばれるが、不衛生なために身体や衣服に潜り込んだ大量の虱《しらみ》が媒介となってさらに感染者が増えた。虱は憑りついていた患者が亡くなると、また集団で音を立てて息のある者に移動する。まるで死神の所業のようであった。凍傷になった者は麻酔もなしでその箇所を切断された。

水原は巨人軍時代にアメリカ遠征をしていることがソ連兵に知られていた。この過去に対してスパイの嫌疑がかけられて、過酷な取り調べを二度にわたって課せられた。関東軍の特務機関に所属しており、敗戦後、抑留されたカザフスタンで同じくスパイ行為の罪でソ連兵に取り調べを受けていた詩人の石原吉郎によれば、そのやり方は、深夜の熟睡中を狙ってたたき起こされ、未明にかけて1週間連続して行われたという。「このやり方はソ連ではすでに伝統的なものである」（『望郷と海』）

日中の強制労働に加えてほぼ2週間、睡眠を止められていたことになる。厳しかったのは、ソ連軍に強いられた労働の環境だけではなかった。

シベリアラーゲリでは、あらゆる記録をつけることは禁止され、見つかれば処罰された。それにもかかわらず、ここで起きた出来事を伝え残さねばならないという使命感から、名刺大の紙に「豆日記」を書き続け命がけで持ち帰った画家の四國五郎によれば、敗戦によって解体されるはずだった「日本の軍隊」がラーゲリの中では温存されていたという。そこでは戦時中そのままの階級が引き継がれており、上級兵士が気に食わない下級兵士を虐待していた。氷点下の屋内で裸にして、水風呂に入れ、その中に氷や雪を入れて凍えさせるアイスクリームと呼ばれたリンチなどが存在していた。さらには飢えた上級兵士が下級兵士を食べた、という記録もあったという。絵本『おこりじぞう』の挿絵で世界的に知られる四國は、帰国後、上官によるイジメによりラーゲリで首を吊って死んでいた兵士を陶板に彫っている。

当時の捕虜の給与は一日で、雑穀四百グラム、パン三百五十グラム、砂糖十グラムというのが定量だった。不惑の年齢に近かった水原はそんなシベリアで約3年間、必死に生き抜いた。

満州のチャムスに駐屯中、ソ連軍の捕虜となった山下静夫は、自著『シベリア抑留1450日』の中でラーゲリで水原に出逢った時のことをこう書いている。「建物の一番入り口に近い二階の端に陣取った。一緒に来た、体のいかつい、私よりかなり年配の男と隣り合わせた。『よろしく。山下です』と挨拶した。『いや、こちらこそ。水原です』と返事が戻ってきた。私はその短い言葉に讃岐訛があることに気がついた。『訛りが香川県だと思うんですが、どちらでしょう』年輩者への敬意を込めて尋ねてみた。すると、『わたしですか。高松です』と、口数の少ない返事。〈ああ、やっぱり〉（中略）そんな話の中から、この水原君がプロ野球巨人軍の水原氏ではなかろうかとふと思ったが、このシベリア生活で、そんな華やかな過去のことをひき出すのも憚られて尋ねるのを控えた」

山下は慮《おもんぱか》ったが、やはり、この水原は巨人軍の正三塁手の水原であった。

同じくシベリアに抑留されており、後に浪商野球部の監督になって張本を指導することになる中島春雄大尉は、例外的に何かと水原に便宜を図ってくれた。しかし、ほとんどの捕虜に対しては、内地での名声、年齢など関係のない過酷な抑留生活であった。１９４８年（昭和23年）になると、10月７日のソ連の革命記念日まで鉄道の敷設を完成させろというノルマが設定された。昼夜を徹して作業を続けて完成させると、ドラム缶いっぱいのウオッカがふるまわれた。そのまま帰還すると言われ、列車に乗り込んで喜んだのも束の間、再び貨車から降ろされて、鉄道敷設の労働に駆り立てられた。またシベリアの冬を越さなければならない。水原を何度めかの絶望が襲ってきた。

年が明けた１９４９年（昭和24年）６月、水原はついに収容所のソ連兵士から、「ダモイ（帰還）」と告げられた。７月２日、チュクシャから列車でナホトカに着いた。ここでアクチブ（活動）と呼ばれるソ連共産党シンパの先鋭分子が、思想教育を行った。アクチブの機嫌を損なうとたちまち戻されてしまうので、収容者たちは共産党万歳を叫び続けた。水原は順番を待ち17日に英彦丸に乗り込んだ。船中でラジオを聞いたという乗組員から、プロ野球が復活し川上哲治やスタルヒンが活躍している話を耳にした。水原は、まさか、と思った。戦前の職業野球は学生野球に比べて著しく人気は低く、盛り上がっているとはにわかに信じられなかった。船には、手紙も届けられていた。その現役時代を知るはずがない岐阜の小学生からのファンレターがあった。「お父さんから、水原という名選手が日本に帰ってくると聞きました。僕はタイガースファンなので阪神でがんばってください」というファンレターが届いていた。水原の帰還は国内でも話題になっていた。

京都の舞鶴港に帰国したのは20日、実に7年ぶりの祖国だった。検疫や帰国事務処理などでそこから3日を要し、さらに煩雑な手続きがあと4日ほどかかる予定であったが、迎えにきたプロ野球関係者は、24日に後楽園球場で行われる巨人対大映の試合に水原を登場させて、無事の帰還をファンに報告させたかった。当時は米軍統治下で、引揚者には移動の自由もままならなかったが、巨人軍のアメリカ遠征時に対決した日系二世の選手、キャッピー原田こと原田恒男がＧＨＱに務めており、彼が奔走してくれた。水原は23日の夜行に乗り込み24日午前10時30分に東京駅に到着、その足で水道橋、後楽園球場に向かった。満員のスタンドが水原を驚かせた。かつて職業野球は、大学を卒業しても堅気の仕事に就けない者がする卑しき仕事として蔑まれ、巨人対阪神戦でさえ2000人ほどの観客しか入っていなかった。それが、2万人は優に超える人々が集い、今、自分の帰還を祝福してくれているのだ。水原は、「水原茂、ただいま帰ってまいりました」と一言を言うだけで胸が詰まり、それ以上は言葉にならなかった。こうして水原は日本球界に復帰した。

水原はシベリアから帰国した翌年から、巨人の監督に就いた。1950年(昭和25年)から1960年(昭和35年)まで指揮を執り、11年間で8度の優勝を飾った。1961年(昭和36年)からは東映フライヤーズに移り、ここでもチームを初優勝に導き、7年の在籍期間中、すべてAクラスという成績を残している。そして1年のインターバルを経て、水原は1969年(昭和44年)から中部財界の後押しによって中日ドラゴンズの監督に就任した。このシーズンから、江藤の弟の省三もまた期を同じくして、巨人より移籍していた。登録名は江藤慎一が江藤兄、江藤省三が江藤弟となった。省三の述懐。

「大学(慶應)時代は、実力的に自分はプロではなく社会人に行くものと思っていました。特にカネボウが創立50周年で選手を集めていましたから、卒業したらカボウに行くつもりでした。ところが、第1回ドラフトで巨人に3位で指名されたんです。ドラフトにかかっちゃうと、何か自分がすごくうまくなったような錯覚がしますからね(笑)。それでプロ入りしたわけですが、兄貴（慎一）からは3年やって芽が出なかったら、野球を辞めて俺の会社を手伝えと言われていました」

江藤は首位者を獲得した頃から、僚友ジム・マーシャルからの勧めもあり、副業として自動車整備工場を経営していた。省三の巨人軍3年間の通算安打数は3。自身でも見切りをつけて球団に退団を申し入れた。「これからどうするんだ？　と言われたんですが、兄貴が会社を手伝えと言うので名古屋に戻りますと言って帰りました。そしたら当時、中日スタジアムの社長だった平岩（治郎）さんが『お前、たった3年で引退はもったいない。俺が中日の代表をやっていた頃、甲子園であんなに活躍していたじゃないか』と言って球団に取り次いで契約してくれたんです」退団は、当初進路が拘束される任意引退であったが、巨人は無償トレードのかたちにしてくれた。しかし、中日で再会した兄とは気安くベンチで話ができなかった。

「当時のプロ野球というのは本当に主力と控えの選手との差がすごかったんです。権藤さんや板東さん、葛城さんなんかは、『おお、省三、よく来た』と話しかけてくれたんですが、むしろ兄貴とは、なかなか会話ができませんでした」

江藤自身もそうであったが、当時は貧困や生活苦から抜け出すためにプロに入ってきた選手の集団でもある。年齢とは別に、レギュラーと控えの格差や待遇、チーム内でのナチュラルランキングは歴然としていた。それゆえに若い選手が抜擢をされだすと、今以上にベンチには大きな緊張が走ったという。三顧の礼をもって迎えられた水原の采配に対して、選手たちから最初に起こった不満は入団1年目の島谷金二をサードのレギュラーとして使ったことであったという。その後、トレード先の阪急でクリーンアップを打ち、1514安打を積み上げる島谷の活躍を見れば、辛抱しての若手起用は結果的に間違っていなかったとも言えるが、ルーキーイヤーのこの年は、428打数で107三振を喫している（打率・210）。島谷はそもそも社会人時代はセカンドであり、なぜ前年に11本塁打を打っている徳武定祐や地元名古屋出身の伊藤竜彦を使わないのか。水原は堅実無比な守備を買ったわけだが、周囲は同じ高松商業の後輩を偏愛しているように映った。もはや53年前の出来事ではあるが、当時のベンチ内を知る選手たちを取材すると、代表するかたちで水原の采配やチーム運営に対して直接声を出して異を唱えていたのが、リーダーの江藤であったという。チームメイトであった板東英二によれば、遠征先の夜間外出を咎めて、選手に対して1年間の外出禁止を試合前のミーティングで突き付けた水原に江藤が「やる気がなくなるので、そういう話は試合後にしてください」と皆の気持ちを代弁して盾を突いたことが、最初の衝突であったという。そしてかような首脳陣批判がメディアを通して表面化したのは江藤も選出された真夏のオールスターゲームの時であった。球宴に出場しない選手たちは名古屋に残ってチーム練習に取り組むのだが、水原がこの球宴のテレビ中継にゲスト解説者として出演するため監督不在となった。選手間には、そのことに対する不満が溢れた。オールスターの初戦、東京球場でレフト場外に消える本塁打を放った江藤は水原のこの番組出演を痛烈に批判した。

「監督がいない中でどうやって残ったメンバーはチーム練習をするんだ。何でテレビなんかに出るのだ」という発言がマスコミに載った。江藤にすれば、名古屋に残された選手たちの気持ちの発信であったが、体面を重んじる水原の耳にも当然入り、以降、指揮官と主砲の対立は決定的なものとなった。当時を知る何人かの選手や、この確執を伝える記事を総合すると、この時に慶應閥で固められたコーチ陣のほとんどが、選手のリーダーである江藤の間に立って水原に具申したり、調整できるような立場にはなく、溝はますます深くなっていったという。水原の先輩にあたる浜崎真二(元国鉄監督)は週刊ベースボールのコラムでこう書いている。「お水(水原のこと)のほうから、選手の中へ飛降りていって、オレの考えはこうなんだと、話し合えるようにならねばうそだ。(中略)コーチが新参なのだから、お水の責任はよけい重くなってくるわけだ」

省三もまた慶應のOBであり、この時の空気の悪さを語っている。「代打の切り札の葛城さんや徳武さんたちが、ベンチ裏で必死に素振りして出番に備えている。僕はまだ若手ですから、そのスペースに行けないのでベンチにいると、水原さんは僕を指名するんですね。そりゃあ、先輩たちは怒りますね。実績のある人が一生懸命に振っているのに、座っていただけの監督の大学の後輩の若造が先に出て行く。水原さんは後から、『試合を見ていないやつを使えるか』と言うんですが、それならそう伝えてくれる人がいれば良かったのに、コミュニケーションが取れていなくて、最悪の雰囲気でした」

起用される弟とは対照的に、スタメンから外されるというかたちで兄の慎一は干された。自宅から、球場に向かうクルマの中のふたりは終始無言であった。やがて江藤は代打でさえ、起用されなくなった。9月28日の阪神とのダブルヘッダーでは、定位置のレフトを守ったのは新人の菱川章であった。1試合目はルーキー星野仙一が村山実と投げ合い1対5で完投勝利を飾った。高木守道はこの試合で通算1000本安打を記録している。2試合目は、延長12回までもつれ、その間、いく度か中日はチャンスを迎えるが、都度、代打として告げられる中に打撃十傑で6位に位置する江藤兄の名前はなかった。徳武、伊藤竜、新宅、江藤弟らが先にバッターボックスに入り、最後、フォックスというテストで入団した貧打の外国人選手に代わってピンチヒッターに呼ばれたのが、この年の通算成績が7打数1安打の高木時夫だった。高木時は凡打に倒れ、試合も2度同点に追いつきながら、最後は藤田平に3ランを打たれて敗戦となった。2年連続首位打者のプライドはずたずたに引き裂かれた。

翌日の中日新聞は、江藤はアキレス腱悪化と寝違えでバットが振れなかったと伝えているが、水原は江藤がいなくても勝てるということをチームに知らしめたかったと側近に漏らしている。水原と江藤の対立はすでに球界でも多くの関係者が知るところとなった。東映時代に水原の気性を知る張本は、江藤に「早く謝れ、謝るんだ」と謝罪を勧めていた。それでも江藤は、水原に頭を下げようとはしなかった。反抗も元々が「勝ちたい」という思いからの言動である。不動の4番である自身が外されては、チームの勝利はますます遠のくという自負もあった。批判の声を上げ続けた。当時一軍マネージャー足木(敏郎)の著作によれば、先発を外されて、ロッカーから、大声で監督を批判する江藤の声は監督のいるベンチにまで聞こえていた。「勝つ気があるんか」「なぜ、あんな奴を使うんじゃ」これを聞きながら、水原は何も言わずにじっと耐えていた。しかし、シベリアの極寒の中を耐え抜いた誇り高い指揮官の怒りは内面で沸点に達していた。シーズン終了後、水原は親会社に江藤の放出を希望すると申し入れ、中日新聞側もこれを受諾した。後ろ盾が確とある大物監督については、その意向を全面的にバックアップすることが約束されていた。ここに至って江藤は猛省を余儀なくされた。中日以外の球団でプレーをすることはまったく考えていなかった。

11月24日、江藤は東京都目黒区緑ヶ丘の水原の自宅を訪ねた。無礼や越権の行為についての謝罪を述べ、玄関口で膝を折り、両手をついて頭を地面にこすりつけた。土下座である。しかし、水原の意志は変わらなかった。財界の人間には江藤のスタンドプレーだと揶揄された。これらの状況の中で張本もまた親友のために動いた。同じく水原の自宅を訪ねていった。張本はこんなふうに問題を腑分けしてみせた。「水原さんは、巨人も東映も日本一に導いた。慶應ボーイで日本の経済界の重鎮とも人脈があった。片や慎ちゃんは中日一筋の叩き上げ。選手仲間が不満を言ったら、『よしわかった。俺が言ってやるよ』とああいう性格ですからね。『いくら大監督か知らんけど、野球やるのは選手や』そんな気持ちがあったらしい。慎ちゃんの副業の自動車工場も『これがいい』と思ったら、さっさと開業して突き進む性格だからね。昔、東映フライヤーズに山本八郎さんという私の浪商の先輩がいたんですよ。わがままじゃないけど、お山の大将でね。それを水原さんは、二軍に落としたからね。あの時と似ているなあ、何とかならないだろうか、と思って目黒の緑ヶ丘の親父さんの家まで行きました。でも玄関口で『お前入るな』と言われました。『山本八郎のこと、覚えているだろう』と。どっちにしても水原さんはチームで戦う人、折れる性格ではないですからね。だから、切っていくわな」

12月3日。ついに江藤にトレードが通達され、マスコミにも発表された。チームの若返り、体質改善、投手陣強化のためにトレードに出すという名目であったが、具体的に意中の交換相手がいたわけではない。いわんや、大型トレードはむしろ秘密裏に進められることが常識である。巨人、ロッテ、広島、産経からも獲得の意思があると報じられたが、晒し者にするように新聞紙上で公開されたのは、まず江藤の退団ありきであったからにほかならない。そもそも「中日で終わりたい」と常々言っていた江藤が引退してしまえば、4番を失い、交換相手も消滅する。改革ではあったが、補強のためとは言い難いものであった。

また同日、葛城のトレード、権藤博、板東英二がユニフォームを脱ぐことも伝えられた。権藤は二軍マネージャー、板東はスカウトへの転進が勧められていた。板東は肘がもう使いものにならなくなっていたので、自身は納得しての引退であったが、江藤の放出については、著作の中で軽い筆致ながらも今で言うパワハラではないかと批判している。「このときのことを冷静に考えてみると、やっぱり水原さんの方に非があった思うわ。いくら力のある監督いうても、そこまで選手に理不尽なことしたら、選手はついていきまへんで」（『プロ野球知らなきゃ損する』）

トレードを通達された江藤は、直後の取材で「野球をやっていたおかげで事業（江藤産業、江藤自動車、南紀産業）もできた。人は事業をやっていたからマイナスになったというが、私はたとえ最初は事業の二軍選手でもきっと人一倍の努力をして、4番打者になってみせる」「でもあと3年は3割、25本、80打点の自信はある」

江藤はここまで11年間で1484安打、本塁打268本、打点845の記録を残した。現役を続ける自信はあったが、中日の江藤でいさぎよく辞める覚悟を決めていた。12月26日、江藤は、未練を絶つようにトレードを拒否し、(現役に復帰する際は、引退当時の球団以外には行けないという)任意引退の道を自ら選んだ。

6章

再起

1970～1974年(昭和45年～49年)

ロッテオリオンズ

大洋ホエールズ

左はアルト・ロペス内野手、右はジョージ・アルトマン外野手

現役復帰

野球を辞める覚悟でトレードを拒み、任意引退を望んだ江藤であったが、これを惜しんだ世論と、野球界がそのままにはしておかなかった。1970年(昭和45年)1月10日には「江藤を復帰させよ」というデモが名古屋市内で起こった。鈴木竜二セ・リーグ会長も再起するよう江藤の説得にあたった。鈴木は説いた。「お前は誰のおかげでここまでなったんだ。ファンのおかげじゃないか、恩返しはまだだろう。もう少し、リーグのことも考えろ、プロ野球のことを考えろ」最後の言葉は重い。当時、球界では、選手関係者が反社組織より金銭を授受して敗退行為をするという八百長＝「黒い霧事件」が表面化していた。社会全体に騒動が巻き起こった事件の発端は1969年(昭和44年)10月8日の報知新聞のスクープであった。同紙は西鉄の永易将之投手が暴力団関係者に依頼されて敗戦につながるピッチングをしていたということを報じたのである。永易は当初、否定をしていたが、やがて自身の関与を認め、他にも八百長をしていたという選手の実名を公表し、さらには所属の西鉄球団から口止め料として550万円を受け取っていたことを記者会見で暴露した。1970年3月17日には、超党派によるスポーツ振興国会議員懇談会が衆議院第一会館で開かれて、国会とジャーナリズムが厳しく真相を究明し始めた。中日にも余波は広がり、兵庫県警が八百長に関係したとして発表した疑惑の試合は、2年にまたがって10試合に及んだ。以下の通りである。1968年(昭和43年)8月11日対サンケイ7対8、9月22日対巨人2対5、10月6日対巨人8対9、1969年4月22日対サンケイ4対1、6月14日対巨人3対7、6月24日対広島8対5、7月26日対大洋0対2、8月24日対サンケイ3対7、8月26日対大洋1対2、9月30日対巨人3対5。

中日の主戦投手であった小川健太郎も逮捕された。容疑は野球ではなく、オートレースに関する小型自動車競走法違反(贈賄)であった。5月6日、小川は警視庁に出頭を命じられた。マネージャーの足木敏郎は、小川をマスコミや野次馬の晒し者にしないため、名古屋の小川の自宅から桜田門まで、新幹線ではなく、自家用車で送り届けている。早朝5時半からの東名高速のドライブは終始無言。その気まずさから足木がラジオをつければ、「本日、小川健太郎投手が逮捕されます」というニュースが流れて、慌ててスイッチを切った。警視庁地下駐車場で刑事のあとをついていく小川を足木は見送った。前年に20勝をしたサブマリン投手は永久失格処分選手となった。このような激震の中、球界としてもONを差し置いてセ・リーグの4番に座れる江藤を失うことは大きな損失だった。江藤自身もまだ32歳、野球への欲求は断ちがたく、キャンプインの2月1日になると、自然に身体がうずいた。そんな心中を察するかのようにヤクルトの松園尚巳オーナーが入団要請をしてきた。金銭でのトレードであったためにこれは成就しなかったが、ここに至って江藤も復帰を決意した。

中日球団も移籍先を探し始めた。江藤は、コンディションを戻すために二軍練習場に行き、本多逸郎監督に練習をさせてほしいと願い出た。面倒見の良い通称パラさんは、快諾してくれた。しかし、いざトレーニングに出向くと、このパラさんが、端正なマスクを曇らせて言った。「慎一、すまないが、もうお前にはグランドを使わせるなと言われたんだ」通達したのは一軍監督だった。

キャッチボールの相手さえいない、ティーを打つ環境さえない、孤独な練習に励むしかなかった。オープン戦が終わり、シーズンが開幕した。江藤の移籍先には、ロッテオリオンズが浮上してきた。ここには日鉄二瀬以来の師であり、恩人である濃人渉が、指揮官として就いていた。ロペス、アルトマンと左の強打者を揃えるロッテ側は右のスラッガーを欲しており、一方、小川健太郎を欠いた中日は投手を必要としていた。このトレードはロッテが3年目右腕の川畑和人を用意したことで成立した。

6月3日、大手町パレスサイドホテルでロッテは江藤の入団記者会見を開いた。席上、江藤は「入団は嬉しいが責任も感じている」と語っている。江藤獲得は何より、永田雅一オーナー自らが熱望していた。「日本映画界の父」と呼ばれた大映の創設者は、超の字が付くワンマン経営者で、大言壮語しながら、新規事業を次々に開拓する様は永田ラッパと呼ばれた。日本ダービーを制したトキノミノルの馬主であり、ヴェネチア映画祭グランプリ作品『羅生門』のプロデューサーでもある永田はプロ野球球団の経営にも並々ならぬ情熱を注ぎ、1962年(昭和37年)には私財を投じて後にロッテのホームとなる東京スタジアムをつくり上げていた。なぜ、大映の創設者がロッテオリオンズのオーナーであったのかをここで説明しておきたい。球団経営は永田の属する大映毎日球団が継続して行っていたが、映画産業の斜陽により、ロッテをスポンサーとした業務提携を望み、今で言うネーミングライツでロッテオリオンズという球団名になったのである。

この永田が江藤が野球界から去ることを惜しんだのである。「あれだけの大打者を捨てておくのは球界の損失だ。うちとしてもできるだけのことはしてやるつもり」と公言し、任意引退となった早い段階から、直接電話をかけ続けてきた。当初、江藤は感謝の言葉を返しつつも「中日の江藤で終わりたい」と涙声で固辞していたという。しかし、これで名物オーナーのチームに晴れて入団となった。

移籍が決まると、江藤はパ・リーグの視察を兼ねて東映対西鉄の観戦に後楽園へ行った。その目の前で水原との仲裁の労をとってくれた張本が目の覚めるような11号2ランを左中間に叩き込んだ。この時の感激を江藤は著書にこう書いている。『『ハリの奴、俺の球界復帰を祝ってプレゼントしてくれたんだな』試合が終わったら、乾杯しましょうと言ったあのひとなつこい顔が三塁ベースを回って来る。『ようし、わしもやるぞ！』」(『闘将 火と燃えて』)

有言実行の男は6月4日に荒川区南千住の東京球場に向かい、身体を動かした。10日間で5キロの減量を成し遂げ、6月18日には一軍に合流した。移籍先には、後に「ミスター・ロッテ」と呼ばれる2年目の大型三塁手がいた。有藤通世《ありとうみちよ》である。近畿大学から入団した前年には、打率．285、本塁打21本で新人王を獲得している。有藤は「僕はアマチュア時代から江藤さんのことは知っていましたから、ああ、あの人がチームに来るんだ、という思いはありました。ただ、まだ自分は2年目で目の前のことで精いっぱいでしたから、トレードがどういうかたちで行われたのかもよくわからなかったです」江藤と有藤はロッカーが隣になった。有藤は自他ともに認める縦社会の人間である。びくびくしながら挨拶をすると、気さくに『おおっ、アリがんばれよ！』と大声が返ってきた。

6月28日、江藤は移籍後の8打席目に近鉄の左腕・小野坂清からホームランを放った。すでに1970年(昭和45年)のシーズンは開幕していたが、船に乗り遅れることはなかった。この年、ロッテが濃人監督の下で10年ぶりのリーグ優勝に向けてひた走るなか、途中加入ながらチームに馴染むのも早く、特に阪神から、山内一弘との〝世紀のトレード〟

で移籍していた投手、小山正明とは馬が合って可愛がられた。

有藤はともに練習を重ねるなかで、江藤のバッティング技術の高さに舌を巻いていた。

「よく(技術を)盗ませてもらいました。僕がプロに入った時には、ロッテには榎本(喜八)さんという大打者がいました。レベルを上げたくて教えを請いに行ったりしたんですが、知らんぷりでした(笑)。それはそうです。プロは個人事業主ですから」

榎本喜八は高卒1年目でクリーンナップを打った不世出のスラッガーで、19歳の開幕デビュー戦第4打席で早くも敬遠をされたという伝説を持つ。プロが習得した技術は飯のタネであり、後輩に伝授することは、下手をすれば自分の地位を脅かされることになる。新人に教える選手は稀有であった。ただ江藤は違っていた。見るなら見ろ、盗むなら盗めという姿勢であった。有藤は、52年前の記憶を手繰り寄せ、自身の欠点を自覚した上で解説する。

「僕がバッティングに関して参考にするのは1点だけです。俗にいうステップをしてトップを作る。その形だけを見るんです。僕はバックスイングの時に右ひじが背中に入るくせがあったのでその修正を考えていました。江藤さんを見てみると、理想的なトップの作り方なんです。だからどんな球にもどんな投手にも対応できる。ゲームではスライダー系狙いの待ち方でセンター方向にはじき返す。江藤さんが合流されてからは、本当によく盗ませてもらいましたし、リーグ優勝が懸かってきたタイミングと合わさって一緒に野球をやるのが楽しかったですね。僕らからすれば江藤さんは決して、チームの和を乱すような人ではなかったです」

ロッテは小山、木樽正明、成田文男の投手陣に重量級打線を擁し、マジックを着実に減らしていった。やがて、これに勝てば優勝という西鉄戦を10月7日にホームの東京球場で迎えた。胴上げを目前にして硬くなったのか、6回の表を終えて0対3でリードを許す展開だった。江藤はこの日、スタメンから外れていたが、西鉄先発の三輪悟を味方打線が打ちあぐねているのを見ると、濃人に直訴した。「自分に切り込みをやらせてください」口火さえ切れば、あとはアルトマン、ロペス、有藤、山崎裕之、池辺巌ら猛者が続いてくれると読んでいた。江藤の気性を長い付き合いから知る濃人もまた同じことを考えていた。「代打江藤!」を告げた。

期待されてバッターボックスに送り出された背番号12は、カウントワンストライク、ツーボールからの4球目を捉え、左中間スタンドに叩き込んだ。1対3、江藤が風穴を開けたあとは、ダムが決壊するのを待てばよかった。アルトマン以下が打ちまくり、この回は結局、打者10人を繰り出して5対3と逆転に成功した。勢いに乗ったロッテは1点返されるもそのまま試合をクローズさせ、優勝を決めた。歓喜した観客はグラウンドに次々となだれ込んできた。千住は、水道橋・後楽園や青山・神宮に比べれば圧倒的な下町だが、その分、情に厚い。ファンの集団は背広姿の永田雅一オーナーを見つけると、取り囲んで胴上げを始めた。

有藤は懐かしそうにこう述懐した。「確かに江藤さんのホームランで活気づいた印象がありますね。優勝の瞬間は、ファンであっという間にフィールドが埋まってオーナーが胴上げされていましたけど、僕なんかぺーぺーで、永田さんがどういう人かもわからなかったですから。あとから、東京球場は永田さんが私財を投じて建設されたことを知りました。ロッテはホーム球場が変わってその後、仙台、川崎と使いましたけど、僕にとっての我が家はいつまでたっても今はなきこの東京球場ですよ」

永田の意向を汲んで、メジャーリーグのキャンドルスティックパークを倣って造られたという東京スタジアムは、スロープが導入された先進的なバリアフリー設計が取り入れられ、選手ロッカーもまた従来にない広い面積が確保されていた。まさにボールパークだったが、累積赤字がかさみ、1972年（昭和47年）に閉鎖された。当時のパ・リーグは不人気で球団が球場を持つなどということは、現実には不可能であった。1970年のロッテの優勝は、たった11年しか存続しなかった早すぎたボールパークのフィナーレを飾る栄誉とも言えた。

この年、ロッテはアルトマン30本、池辺22本、有藤25本、ロペス21本、山崎25本とホームラン打者を5人も輩出したが、江藤もまた6月からの加入にもかかわらず11本のアーチを放った。移籍に至るまでは、大きな葛藤もあったが、プロに入って初めてのリーグ優勝を経験することができた。自らを追いやった者を見返すためにコンディションもまた戻ってきた。

3度目の首位打者

翌年の1971年(昭和46年)には、大きな野心に燃えた。半年近い無所属の状態から、コンディションを戻して立ち向かったそれはすなわち、セ・パ両リーグでの首位打者獲得であった。

春季のアリゾナキャンプから、隣のロッカーでつぶさに江藤の振る舞いを見ていた3年目の有藤通世は、「今年は(タイトルを)獲りに行っているな」と感じていた。当時、ロッテのショートに広瀬宰という大分出身のドラフト同期の選手がいた。江藤と同じ九州ということで、可愛がられており、この広瀬を介して有藤は江藤との酒席も共にすることが増え、距離も近くなっていた。「出された中日に対する意地。親友の張本さんにも勝つという思惑が見受けられました。ロッカーでの過ごし方もすごく集中していて目つきも変わっていました」移籍の恩人とも言える永田雅一オーナーは、リーグ優勝の悲願を遂げた数か月後、大映の倒産によって球界を去っていった。前年までロッテはあくまでも企業名を出すことで宣伝広告料を出していた冠スポンサーの立場であったが、これで大映に代わって実質的な経営母体となった。一時は野球を辞める決心をしていた江藤が、野心を持った理由は、せめて自分がタイトルを取ることで永田への恩に報おうという気持ち、そしてもうひとつは、自身のあらたな生活の立て直しのためであった。江藤は移籍の年に、副業で経営していた江藤自動車株式会社と不動産業南畿産業株式会社のふたつの会社を倒産させていた。

江藤自動車は、独立を志していた自動車会社勤務の親族のために昭和41年に資本金一千万円で設立し、実質的な経営をこの親族にゆだねていた。トヨタからの受注も請け負うことができ、順調に業績も伸びていた。ゆくゆくはプロ野球を中途で辞めた選手たちのセカンドキャリアの受け皿にもしようという考えがあった。何より張本の言う「夢見る慎ちゃん」の地元名古屋では、「中日の江藤」という無形の信頼もあった。問題は土地の投資を持ちかけられて会社ごと買い取った不動産会社、南畿産業のほうであった。知人から、伊勢・志摩の眠った5万坪の土地が破格の安値で手に入ると言われて着手したのが、過ちであった。手を出した土地はいわゆる虫食いで、転売の利かない沼地であったことがあとから判明した。三重県鳥羽市の山林の評価額を巡ってトラブルとなり、江藤は手形の決済に追われまくった。会社の更生はままならず、自らの貯金を切り崩していったが、結局、それも底をついた。江藤自動車の裏書で決済をして急場をしのぐも、これも焼け石に水であった。親族は、手形を落として江藤の信頼に傷をつけてはならないと焦り、知らない間に実印を持ち出していわゆるトイチのマチ金にまで手を出してしまっていた。あとは坂道を転がるだけであった。南畿産業は、1970年（昭和45年）7月に570万円の不渡り手形を出して、倒産した。同社には、江藤自動車も2千万〜3千万円の融資をしており、結果、経営に行き詰まって連鎖倒産となった。江藤は、全私財を投げ打って30人もの従業員に詫びた。

裁判所の審理に入ると、手形が流れた先の有象無象の債権者が押しかけてきた。中には実体のないブローカーもいた。彼らは名古屋地方裁判所に破産宣告申請を出し、取り下げる交換条件として示談やローンの提示をしてきた。いわば脅迫であった。自宅へのおどしの電話も頻繁にかかって来た。江藤は日本野球機構に問い合わせて、破産宣告を受けても選手としての登録には支障がないことを確認すると、徹底して抗戦することを決意した。自らも裁判知識を持つ必要を考え、破産法、民事訴訟法、刑事訴訟法についての猛勉強を始めた。不明な点は専門書に赤線を引き、翌朝、弁護士に問い合わせて確認していった。ロッテ2年目のシーズンが開幕してもこの裁判は続いていった。夜半の2時、3時まで六法全書を開き、朝は7時には起床して弁護士事務所に行って代理人を待ち、打ち合わせと疑問点の解決。それが終わると、球場に行って特打を繰り返し、ナイターに出場する。そしてゲームが終わると、待ち受けている債権者たちに対応し、課題を持ち帰って再び机に向かう。時には東京から名古屋地裁に向かうこともある。驚くべきことに江藤はこれらのルーティンを、1971年（昭和46年）の初頭から翌1972年（昭和47年）3月までの1年間続け、その上で、パ・リーグの首位打者を獲得したのである。「司法試験の勉強をしながら、野球でもてっぺんを取ったようなものだった」と当時の担当弁護士は讃えたが、史上初のセ・パ両リーグの首位打者獲得は、野球に集中するどころか、日常的に神経をすり減らす債権者会議、そして判例を自ら調べながら裁判に臨むという前代未聞の悪条件の中で実現されたのである。

この年、連覇を狙ったロッテは、阪急とのデッドヒートを展開していた。有藤には忘れられない試合がある。7月23日に西宮球場で行われた阪急対ロッテ10回戦である。「首位争いで二万人が入っていました。当時のパ・リーグとしてはすごい数の観客で阪急が足立さん、ロッテが成田の先発で始まった試合ですよ。スコアも覚えています。1対4でうちが負けていて7回の先頭バッターが江藤さんだったです。2ストライク、1ボールのあとの4球目でした」

江藤のハーフスイングを、一度はボールと判定した主審の砂川が、捕手の岡村浩二の主張によって空振りと判定し直したのである。江藤とロッテ側は「断固として振っていない」と抗議を続けた。「江藤さんは見送る時に右肩が出ない。この時もそうだったから、自信があったんでしょうね。『絶対に俺は振っていない』と言って、引き下がらなかったんですよ」この時、ロッテ側の最高責任者として球場に来ていたのが、永田雅一からオーナーを引き継いだ中村長芳であった。旧制山口中学出身の中村は同郷の岸信介の総理大臣秘書官を務めていた人物で、2年前からロッテ球団の副社長に就いていた。なぜ、政界の中枢にいた人物が球界、それもロッテに来ていたのか？そこには、日米間の貿易摩擦が起因していた。1968年(昭和43年)、両国間の通商会議で日本は、米国からチューインガムの自由化を突き付けられていた。日本市場を狙っていたのは、シカゴカブスのオーナー企業でもある世界最大のガムメーカー、リグレーカンパニーで、ロッテにとっては大きな脅威であった。ロッテ食品の創業者である重光武雄は、総理である岸に国内企業の保護のために自由化の動きを鈍らせられないか、働きかけた。中村は、そこで岸の意向を帯びて関係省庁を往還し、このリグレーの上陸を2年遅らせることに成功させた人物であった。これでロッテとの大きな縁ができていた。江藤に対する判定に納得しない濃人監督は、選手を引き揚げさせた。「このまま再開に応じなければ、試合放棄と見なす」という審判団の再開要請に30分たっても応じなかった。

プロ野球に精通している球団経営者ならば、試合放棄にどれだけ大きなリスクがあるか熟知しており、現場指揮官を説得する。しかし、米国の圧力をはね返した剛腕官吏からすれば、納得できなければ徹底的に抗戦すればよいという考えがある。「それならやめてしまえ！」とむしろ後押しを告げて、その結果、ついにロッテは放棄試合を宣告され、0対9で敗戦を告げられた。比較的おとなしいと言われた阪急ファンもこのロッテの態度には怒りを抑えきれず、グランドになだれ込んできた。「我々も宿舎に戻ろうとするのですが、バスは壊されるわ、バットは取られるわ、散々な目に遭いましたよ」(有藤)。さらには、2万人を収容した試合のボイコットということで、約一千万の違約金を請求された。以降、日本のプロ野球界において放棄試合は起きていない。優勝争い、騒然とした放棄試合、さらに江藤はこの4日後に同じ西宮球場で行われたオールスターにオールパシフィックの4番として出場し、江夏豊による9者連続三振の打者のひとりとして名前を刻んでいる。

倒産した会社の債務処理をしながら、グラウンドでもことほど左様にプレッシャーのかかるなかでの首位打者であった。会社の事情を知るファンからの心ないヤジも飛んできた。凡退すると、「不渡り」ならぬ「不当たり！」という罵声が飛んできたのである。最終的には打率・３３６で２位の加藤秀司（阪急）が・３２１なので１分以上の差をつける堂々たる獲得であった。

しかし、球団は偉業を成し遂げたこの外様に冷淡だった。10月６日の公式戦最終日。この日は江藤の34歳の誕生日でもあった。朝10時に電話が鳴った。出ると球団幹部から「来季から大洋ホエールズでプレーしてほしい」と告げられた。野村収投手とのトレードがすでに決まっていた。首位打者を獲得しながらのトレードであったが、すでに球団を変わることには大きな抵抗はなかった。大洋の中部謙吉オーナーに請われて行くということで気持ちが前向きになっていた。

有藤は２年しか同じチームではなかったが、公私ともに大きな影響を受けた江藤についてこう回顧する。

「バッティングもそうでしたが、飲むとギターの弾き語りをする野球選手に初めて会ったので、たまげましたね。そういう息抜きの仕方も学びました。大阪遠征の時は、朝からビールをどんぶりについで食後にお茶代わりに飲んでおられました。僕は江藤さんの移籍２年目にちょっと気になることがあったんです」

それは背番号であった。有藤は入団以来親しんだ8番を、もしかするとこの9歳年上の大打者に譲らなくてはならないかもしれないという危惧があった。江藤はロッテ移籍1年目には12番をつけていたが、中日時代はエイトマンとファンに呼ばれていたほどである。末広がりのナンバーに愛着を持っていたのは、間違いない。譲渡を頼まれれば、球団も自分もNOとは言えない。しかし、江藤は何も言ってこなかった。新人王を獲った生え抜きの若い才能に、そのまま8番とともに成長してほしいと願っていたのか、その配慮に有藤は今も感謝している。

流転の野球人生は続いた。1972年(昭和47年)、江藤はロッテから大洋に移籍し、3年ぶりにセ・リーグに戻った。首位打者を獲った人物が翌年に放出されるのは異例なことだった。年齢は34歳に達していた。

当時、大洋の二軍投手コーチをしていた稲川誠とは、中日時代からの親交があった。

「あの頃、長田幸雄っていうポパイってあだ名のスラッガーが大洋にいてね。彼が(中日の)葛城(隆雄)と仲が良かったんだよ。その縁で僕も名古屋の慎ちゃんの家に招かれたことがあった。今でこそ、他球団同士の選手でも一緒に自主トレをやったりしているけど、当時は面識のない同一リーグの選手を自宅に呼ぶなんてありえないことでしたけどね。

そういうあけっぴろげさが慎ちゃんにはあったかな」

例によって豪快な宴会になったという。稲川と江藤を取り持つ縁はもうひとつあった。1962年(昭和37年)に中日から大洋に移籍してきた森徹である。

稲川は旧満州国の新京(現在の長春)で生まれ、北京で育った。満州育ちの森とは北京幼稚園の同窓であった(ちなみに森の母親は万里という名前の料亭を北京で経営しており、そこに大相撲巡業で来た力士時代の力道山と出逢い、その交流は力道山の生涯続いた)。

稲川と森は引揚者としての苦労を乗り越え、稲川は進学校である福岡県立修猷館高校から立教大学、富士製鉄室蘭、森は早稲田学院から、早大、中日というそれぞれのキャリアを経て大洋ホエールズで再会を果たしたのである。

「森さんとは、よく中国や引き揚げの話を思い出してはしました。僕は今だって、子どもたちが親に手を引かれて逃れていくウクライナからの難民映像を見るとたまらない気持ちになりますね」稲川は北京では東城第三小学校という裕福な日本人子弟が通う学校に行っていた。これはイギリスの建物だったものを接収した学校だったので、冬もスチームが効いていて快適な学校で北京の学習院と呼ばれていた。「同級生には、ラストエンペラー、愛新覚羅溥儀の地縁の子がいてよく一緒に遊んでいました。彼は人力車で登校していたんですが、要はそういう学校だったんです」

それが、1945年（昭和20年）8月15日を境に反転する。父親に雑音だらけのラジオで玉音放送を正座して聞かされた稲川は、しばらくして上空を米軍機が覆ったのを今も記憶している。

やがて同じ地域に居住していた日本人たちは天津の収容所に送られた。今でこそ、北京～天津は高速鉄道で35分で結ばれているが、当時は120キロの距離を着の身着のままで、歩いて移動せねばならなかった。疲れ果てた母親は途中、何度か稲川をこの大地に置いていこうかと考えていたと、帰国後、その心情を本人に吐露した。収容所で過ごした後、米国船籍のLST号に乗って稲川の家族は佐世保港に辿り着いた。戦争の記憶はまだ生々しく残っていた。

「森さんと慎ちゃんとの交流は続いていたし、だから中日にいた頃から何かと縁があって、実際に対戦もしましたからね。自信を持っていたカーブやスライダーをうまく引っ張られたという印象があるね。投手としての僕は、バッターは構えが一番大事だと思っているけれど、それが最も決まっていたのが、飯田徳治さん。次が豊田泰光さんと慎ちゃんだったかな」

修猷館高校時代は野球部のほかにも山岳部と生物部に所属し、現在も日本屈指の蝶の収集の専門家としての顔も持つ稲川は、細部まで違いにこだわるその秀でた観察力で江藤のことをこう見ていた。

「完成されたフォームは固まっていた。それでも毎年、細かい微調整をしてシーズンに入ってきた。年によって変えるわけだから、あれは相当な努力をしていますね。右と左の違いはあるけど、ベイスターズの寮長の頃に見た筒香（嘉智）にも似た雰囲気を感じます。ただロッテを経て大洋でチームメイトになった時は、もう少しずつだけれど、現役としては下り坂にきていたかな」

大洋時代の江藤は、松原誠、J・シピンとクリーンナップを組み、王貞治、野村克也を抜いて通算満塁ホームランの日本記録（12本）を樹立しながら、持病になっていた右太ももの肉離れが再発した。ケガによる欠場も少なくなかった。

一方で稲川にとっては忘れられない試合がある。江藤が大洋に来て3年目の1974年（昭和49年）のゲームだった。この年は山下大輔のルーキーイヤーで指揮官は宮崎剛だった。

開幕してから不振で6週間ノーヒットが続いていた。ようやくヒットが出ても続かない。ついには、・093という数字が電光掲示板に並んだ。スランプの最中、ワンアウト、ランナーが三塁にいる局面でバッターは江藤。気合を入れて打席に向かおうとするところを監督が呼び止めた。「ライトフライでいいから、気楽に行け」途端に江藤の顔が変わった。

「不調だから、リラックスさせようと監督は犠牲フライでＯＫだと伝えたんですが、そうしたら一度もバットを振らないんですよ。見逃しの三振を堂々としてベンチに戻って来ました」

プライドを傷つけられたことに対する抗議だった。しかし、反骨心に火が点き、ここから急激に江藤は打ち出した。ボールの見極めやグリップの位置、スタンスの幅、入念に行っていたこれらのチェックをやめて、ただ投手に向かっていく気持ちを全面に出した。無心で来た球を打ち、気がつけば、夏には・３４１まで打率を上げたのである。

稲川は中日を放出されて以降、結果を出しながらも転々と移籍を繰り返す江藤をこう見ていた。

「慎ちゃんは豪傑で繊細。それで苦しんだんじゃないかな。弱い者の味方だった。後輩や裏方さんは庇《かば》うけど、納得しないと偉い人にも忖度しなかった。だから上の人には誤解を生んだかもしれないな」

１９７４年（昭和49年）10月12日、中日球場（当時）中日対大洋のダブルヘッダー。中日は江藤が移籍してから4年、ここで2連勝すれば巨人の10連覇を阻止し、20年ぶりのリーグ優勝が決まるという試合を迎えていた。

圧倒的にホームの中日が有利とはいえ、選手たちは前日に神宮球場でヤクルトとのナイトゲームを行っており、移動日なしのデーゲームを含めてのダブルである。疲労は極限に達しており、当然、緊張もある。ここで1試合でも負け、もしくは引き分ければ、優勝決定は後楽園での巨人戦の結果に持ち越される。そこまでいけば、経験のなさからも圧倒的に不利であることはわかっていた。

必ず、この2試合で連勝しなければならない。一塁側ベンチにいる青いユニフォームの選手たちは、大きなプレッシャーを実は感じていたことを、井手峻(現東京大学野球部監督)は証言している。この年、優勝を決めた10月12日の試合におけるとっておきのエピソードを井手は披歴してくれた。

「大洋とのダブルヘッダーで、2試合連勝すれば優勝。それができなければ最終節の後楽園での巨人戦2試合に持ち越されるという試合でした。さすがにそこまでいってしまうと分が悪いのでここでどうしても決めたかったけれど、正直、先制を許したら、金縛りに遭いそうな感じでした」

2連勝で20年ぶりの優勝は決まるが、換言すれば連勝しなければ、10連覇を目指す経験豊富な相手と圧倒的に不利な敵地での決戦となり、実質的に覇権を逃すことになる。井手もベンチにいる周りの選手が、硬くなっていることに気がついていた。主力たちは、プレッシャーに蝕まれていた。星野(仙一)も高木も大島(康徳)も……。そこに相手の選手がひとり、ふらりとやって来た。大洋に移籍していた江藤だった。

「お前ら、頑張れよ。今日は大丈夫だからな。任しとけ」と明るく宣言した。

「もちろん、俺が手加減を加えて勝たせてやるから、ということではないですよ。実際、試合では江藤さんはタイムリーもホームランも打っていますからね(笑)。ただ、数年前までうちの大将だった人が来て、勝ち負けは任しとけって言ってくれた。その言葉で一気に緊張が解けたんです。何となく優勝はできるんじゃないかと思っていても、不安があるじゃないですか。そこで江藤さんが大丈夫だということで何か優勝が確信になったんですね」

試合は2連勝で中日は20年ぶりのリーグ優勝を決めた。

闘将は自分の声掛けが、かつての後輩たちにどういう影響を及ぼすか、知った上で行動を起こしたのであろう。

一方、江藤は・291、ホームラン16本の記録を残しながら、またしてもチームを追われることとなった。稲川は、シーズン終了後にコーチの自分に投手交代についての質問をさかんに江藤がしてくることに驚いていた。

「バッターなのに何でピッチャーのことを聞きたがるんだろう？　投手心理の勉強なん

だろうか」

訝《いぶか》しがっているとチームが江藤のリリースを発表した。太平洋クラブライオンズに監督兼任、プレーイングマネージャーとしての移籍が決まったのである。新任の秋山登監督から、ケガを持った起用のしづらいベテランという評価を受けたためと言われている。

7章 流転

1975〜1976年（昭和50〜51年）
太平洋クラブライオンズ
ロッテオリオンズ

プレーイングマネージャー

江藤が太平洋クラブライオンズのプレーイングマネージャーに就いたのは、この福岡のチームが積極的に招いたのではなく、これもまた最初に大洋からの放出ありきであった。江藤の自著『闘将 火と燃えて』によれば、球団からの電話一本で「太平洋に行け」と告げられたとある。左ひざに爆弾を抱える36歳の外野手は、新人の山下大輔をはじめとする若い選手への世代交代を始めた新しい首脳陣からすれば使いづらいと判断されていた。移籍先の太平洋は前年まで「神様、仏様、稲尾様」の稲尾和久が監督をしていたが、新しく代表に就いたまむしこと青木一三に解任されていた。後任は大沢啓二に決まりかけていたが、そこから急遽、白羽の矢が立ったのが、九州出身の江藤だった。

しかし、三顧の礼どころか、単身赴任用に準備された住居は、六畳一間のアパートだった。現在であれば、監督にふさわしいホテルのスイートルームか、高級マンションが用意されているであろうが、当時のパ・リーグは絶望的な不人気状態にあり、特に太平洋は西鉄時代の1962年(昭和37年)からその危機的なパ・リーグの平均入場者数さえ割るようになっていた。1970年代初頭は巨人の1年分の観客動員数とパリーグ6球団のそれが、ほぼ同数で、埋めがたい格差が横たわっていた。西鉄ライオンズは江藤が中日を出される1969年(昭和44年)暮れに起きた「黒い霧」八百長事件で、選手と信頼を同時に失っていた。加えて親会社の路面電車事業が赤字で経営が行き詰まり、ついに1972年(昭和47年)に球団が身売りされることになった。奔走したのが、ロッテの中村長芳オーナーだった。元来、岸信介総理の第一秘書の中村が野球の世界に飛び込み、東京オリオンズにロッテのネーミングライツを持ち込んだことは、元はといえば球界の安定化が目的であった。ここにきて西鉄がライオンズの経営から撤退となれば、捨ておけずロッテのオーナーでありながら、その引き受け先を探すべく財界を走り回った。当初はペプシコーラが好意的にヒアリングに参加し譲渡の寸前までいったが、結局、破断に終わった。東映もまた映画産業の衰退によってフライヤーズを手放すことが決まっており、このままでは1リーグ制への移行か、阪急、近鉄、南海、ロッテの4チームによるパ・リーグ運営という事態に追い込まれていた。ライオンズの存続はペプシに断られて万事休すと思われたが、中村はここで驚くべき妙手を出す。自身が球団を運営する会社、福岡野球株式会社を設立し、ライオンズを買収して個人所有のチームとして再生を図ったのである(これによりロッテのオーナーは退任)。もとより、他チームの親会社のようにプロ野球チームの赤字を補填するような資本金などあるはずもなく、そこは得意のネーミングライツと入場料、グッズで経営を回していくやり方であった。そこで最初のメインスポンサーとなったのが、ゴルフ場、レジャー産業の雄であった太平洋クラブであった。新生ライオンズに対して福岡市行政の支援はなく、平和台球場の使用料は跳ね上がり、練習では使えないのでプロが福岡大学のグラウンドを借りてトレーニングをするという船出だった。フライヤーズもまた不動産会社の日拓ホームが引き受け、無事に1973年(昭和48年)のパ・リーグは成立した。監督に請われた江藤が一間しかないアパート住まいであるのも親会社を持たない球団の悲哀であった。選手と指揮官という重責を担う者に対する待遇としては、みすぼらしいものであった。夏休みに福岡に遊びに行った長女の孝子は、雑居ビルに入っていたワンルームで布団を敷いて雑魚寝をしたことを今でも覚えている。それでも江藤は「わしは野球さえできりゃあ、それでいいんじゃ」と意に介さなかった。

初めての監督就任に際して、江藤はこんな言葉を自著に残している。「人は、太平洋クラブライオンズを、山賊集団と呼び、ごろんぼ球団と呼ぶ。何と呼ばれようと勝手だが、少年ファンから、老人まで、太平洋クラブライオンズは夢を運んでくれるチームと思われる様にするのが私の務めだ、と思っている」「アトラクションという言葉があるが、アトラクティブ、つまり魅了するものがあるから人が集まる。プロ野球が、人を魅了しなくなってしまえば、おしまいだ」管理とリアリズムに徹した勝利至上主義を「小巨人」戦法と批判し、観客が魅了されてスタジアムに足を運びたくなるような野球をやると宣言している。

またこの年から、パ・リーグに導入された指名代打制については、何でもソツなくこなす選手よりも一芸に秀でた選手が生き残り、観客にも夢を与えることができる、と諸手を上げて賛意を表明していた。「これ程、社会が管理化し、会社では、あらゆる制約のもとに呻吟するサラリーマンの方や、受験地獄に苦しむ学生、その他全てのお客様が、その制約から解放されて球場に足を運ばれる。そこで再び、縮図のようながんじがらめの野球を見て何が面白いものか、と私は思う」(『闘将 火と燃えて』)

1975年(昭50年)、柳川商業を経て、電電九州から入団した真弓明信は3年目を迎えていた。1年目は2試合、2年目は23試合出場と、二軍との往復を繰り返し、社会人出の戦力としては伸び悩んでいる印象を周囲に与えていた。潤沢な予算がない球団のフロントはそろそろ整理リストにその名前を入れ始めていた。しかし、これに新監督の江藤がストップをかけた。「磨けば光るダイヤモンドをどぶに捨てるのか」とただしたのである。江藤はいち早く、真弓のポテンシャルを見抜いていた。一軍の練習の手伝いに来ていた真弓が外野の守備についていてボールを追うと、出色の動きを見せていた。「あれは誰だ？」とコーチに名前を確認して脳裏に叩き込むと、フロントに抗議をしてまで使い続けた。一方、真弓はこの「ダイヤモンド」発言を知らなかった。

「それは聞いたことがなかったのですが、何か江藤監督に本当に目をかけてもらっているなという印象は持っていました。僕は一軍の最年少で移動する時などは、いつも監督のヘルメットを自分で預かって持ち歩いてました。とにかく、大きなヘルメットだったという記憶があります(笑)」

真弓はこの年、代走や守備要員をきっかけに起用され続け、78試合出場で打率も・311を記録する。出塁率が・364で長打率が・393、後の阪神優勝メンバーとして長打の打てる一番打者としての萌芽を見せている。指揮官の江藤は攻撃に特化したアトラクション野球を目指し、投手を出して強打者を取るという大胆な強化策を敢行した。編成は54人の支配下選手の中、17人が新入団選手となった。日本ハムから白仁天、近鉄から土井正博を獲得。この2人はそれぞれ移籍1年目で首位打者、ホームラン王になっている。さらに江藤は広島を自由契約になった国貞泰汎を獲得して、プレーの場を与えている。「広島の呉出身でカープに入団しながら首になって悔しかったろう。わしもそうだったが、首になって初めて後悔する。面倒見たらんといかん。国貞は12球団一のえげつない打ち方をする選手。あれは戦争になったら、最も優秀なゲリラになる男。山賊野球には必要じゃ」パ・リーグは外野から捕手のサインを盗むことが横行していたが、江藤は盗むなら盗めという姿勢を貫いた。「打たれたら、その分、取り返したらええんじゃ」

初代山賊打線はこうして出来上がった。1番ビュフォード(三)、2番基満男(遊)、3番アルー(二)、4番土井(右)、5番白仁天(中)、6番江藤慎一(左)、7番竹之内雅史(指)、8番国貞(二)のレギュラーを中心に叩き出したチーム打率は・260・8でリーグ1位を記録した。投手陣もまた東尾修が23勝で最多勝を記録。チーム成績も前期が2位、後期が4位で総合3位でゴールしている。太平洋クラブライオンズがAクラスに入ったのは後にも先にもこの1975年(昭和50年)だけであった。特筆すべきは、この年に優勝した阪急に対して太平洋は17勝8敗と圧倒的に勝ち越しており、またプレーオフで阪急と戦った近鉄とは12勝12敗で、五分の星であった。江藤の反骨精神の表れか、2強といわれたところに結果を残した。

真弓は、江藤が普段から見せる豪快な一面とは別に、配球や前の打席のプロセスをベンチ内で丁寧に分析していることに気がついていた。「配球なんか、もう全部覚えてるんだという印象がありました。豪快な野球をするなかでどうすれば勝てるか、非常に緻密に見ておられました。今、思えば太平洋は本当に環境が厳しかったんですよ。入団発表ってありますよね。僕の1年目はドラフトと移籍選手の同期が全部で7人いたんですけど、それを喫茶店でやったんですよ」

真弓が入団した年の新人会見は、通常ホテルの宴会場で金屏風を前にして行うものを、球団事務所近くの喫茶店に椅子を7つ並べるだけで行われた。記者やカメラマンはそこですし詰めになりながら、メモを取り、シャッターを押した。

あって。「他を知らないのでこれが普通なんだろうと思っていたんですが、そういうのがずっとなかったんです。だから、江藤監督が狭い部屋を借りて暮らしてたっていうのも、意外と驚きもしくらいです」僕は阪神に行ってからあまりの華やかさにこれがプロ野球かと驚いたその阪神で監督を務めた真弓は江藤の監督としての資質を稀代のモチベータ―であったと振り返る。楽天イーグルスの初年度よろしく、なかなか良い選手が集まらないなかで、選手へのモチベーションアップと配慮を行い、移籍1年目の選手に首位打者とホームラン王、生え抜きの高卒投手に最多勝を取らせた。「例えば、国貞さんも親分肌で移籍組の中では結構目立ったほうだったんですよ。そういう人にもかなり気を使っておられました。ベテランは最盛期を越えて少し成績が落ちぎみの選手を集めているんで、常に何か刺激を与え続けないといけないと考えていたのでしょうね」筆者は、真弓に聞いておきたいことがあった。インターネットを含む媒体の中で太平洋監督時代の江藤と選手との間に喧嘩をするような不仲、不和があったという言説である。「それはありえないですよ。江藤監督が試合の勝ち負けで選手をどうこう言うのはなかったですし、そんな関係だったら、順位も上がりません。土井さんなんかは、江藤さんの打撃フォームの影響を受けていたように見えました」

中村オーナーは「江藤は戦力補強で一切の言い訳をしない監督だった」と吐露している。代表の坂井保之は「持ち前の豪快な明るさでチームを引っ張ってくれた。大打者なのに過去の実績や栄光にすがるタイプではなかった」とそれぞれ評している。太平洋の現有勢力でどれだけ成績と観客動員を伸ばせるかを考えた結果、常に選手を鼓舞し続けた。真弓はことあるごとに「とにかく思い切ってやれ！」と声をかけられた。

水島新司の漫画『あぶさん』の小話「縄のれん」の中で象徴的なシーンがある。スクイズのサインを見落として敗因を作った主人公の景浦安武がその失敗を引きずり、ふらりと入った居酒屋で、先に飲んでいた監督江藤が4番の土井になぜ失投を見逃したと説教をした上で、三冠王を狙えと檄を飛ばしているのである。「王を抜いてみんかい。加藤、有藤、松原、もうひとつパンチ不足たい。長池や田淵には首位打者は無理。三冠王を狙えるのはお前しかおらんと」景浦が入ってきたことに気づいていた江藤は、失敗のあとこそ、切り替えろと説く。そしてこんなセリフを吐く。「我が山賊チームは過去において何かと問題のあったやつばかりや、このわしにしてからが、中日はクビになるし会社はつぶすし借金は背負い込むし…のお」「我が山賊チームには、過ぎたことをクヨクヨする奴ア一人もおらんバイ」「あれじゃあ南海をクビになっても、ウチで拾ってやるわけにゃあいかんバイ」最後は景浦につらい時は店の縄のれんをにらんで忘れろと伝え、「禍福は糾える縄のごとし」という言葉を教えて励ますのである。もちろんあぶさんはフィクションであるが、今さらながらに水島新司が当時のパ・リーグの球界事情と選手のキャラクターに精通していることに驚く。

江藤はこの年、9月6日の藤井寺球場での近鉄戦で9回表に柳田からライト線への二塁打を放ち、2000本安打を達成した。プロ野球の歴史の中で9人目という快挙であったが、今と違い、セレモニーもなくメディアの扱いもベタ記事でしかなかった。試合後、江藤本人も「記録よりも勝てばチームは5割だった。勝ちたかった」というもので、監督としての立場にウエイトを置いたコメントを出している。自身の偉業達成よりも常にチームのことを考えていた証左であろう。

選手としての2000本安打、監督として3人のタイトルホルダーの輩出と球団史上最高位の3位。成し遂げた結果は小さくなかったが、江藤はまたも1年で監督を解任される形でチームを追われた。予算のないチームにもかかわらず、個人成績が上がり、選手の年俸の高騰を苦々しく思った球団幹部に疎まれたとも言われている。太平洋のフロントは大リーグのドジャース、ジャイアンツ、カブス、アストロズで指揮を執り、ワールドシリーズを制したこともある名将、レオ・ドローチャーの招聘を華々しく打ち上げたのである。メジャー通算2008勝の監督を呼ぶということで、江藤はバッティングコーチとの兼任を打診されたが、これを固辞して現役一本での続行を望んだ。

結果的にドローチャーは健康上の理由で来日をせずヘッドコーチの鬼頭政一が監督に就いたことを考えると不可思議な交代劇であった。真弓はこう振り返る。「僕は本当のチーム事情とかわからないんですけど、ただ、その前は万年最下位みたいなチームが3位になって、やっぱり、何で監督が代わるのということはチーム内でもささやかれたと思いますよ。成績を残した監督を辞めさす理由づけにドローチャーっていう名前を出したんじゃないかなとさえ思うんです。いくらメジャーの名将でももう70歳を超えていましたしね。僕は太平洋に6年在籍してタイガースに移籍しますが、人間形成からすると、ライオンズの時にすべて教えてもらったと思っています。1年目の稲尾さん、そして2代目の江藤さん。環境は厳しかったですけれど、そこに自分の原点はありますね」

1976年(昭和51年)、首位打者を3回獲得し、2000本を打ったプレーイングマネージャーは再び、ロッテに現役の道を求めて移籍した。ロッテの監督は金田正一で、ベテランに対しても容赦ないランニングのノルマが課せられていた。金田は経験のある選手を受け入れてチームに好影響を与えることを期待する傾向があり、1978年(昭和53年)には野村克也を南海から獲得している。

有藤通世は「江藤さんも野村さんも大ベテランの域でしたが、容赦なく金田さん名物のハードな練習の洗礼を受けていましたよ。それこそ、壊れてしまうんじゃないかというくらい負荷のかかったものでした」

それでも38歳の江藤はこれをやり遂げ、13キロの減量に成功した。そのかいもあってシーズンが開幕すると4月から試合を決めるホームランを量産してチームの勝利に貢献した。5月も好調を維持したが、6月に古傷を再発させてしまう。治りは遅く、ここから、試合の出場機会が途絶えていった。

8月、中学2年生の娘の孝子がホームステイ先の米国アリゾナから帰国してくると、江藤が羽田空港に迎えに来ていた。「それこそ、ロッテのアリゾナキャンプの縁でつながったステイ先に行かせてもらっていたのですが、父がシーズン中なのに空港に来てくれていたので、驚いたんですよ。そうしたら……」江藤は到着ゲートから駐車場に向かう途中、「パパはもう今年で野球を辞めることにした」と告げた。孝子は楽しかったアリゾナでの思い出が瞬時に忘れてしまうような寂しさに襲われた。江藤はこうして、18年の現役生活を終えた。熊本から出てきて以来、家族の生活を支え続けてきたバットを静かに置いたのである。

8章 夢

1977〜2008年（昭和55年〜）

日本野球体育学校

天城ベースボールクラブ

ヤオハンジャパン硬式野球部

アムウェイ・レッドソックス

江藤塾

明治高校在学中から未来を嘱望された右腕投手の加藤和幸が、大洋ホエールズ時代の江藤と知り合ったのは、明治大学野球部の2年生の時であった。肩を壊した加藤は合宿所を出て、戸越銀座の自宅に戻っていた。両親は仕事の関係で東京を離れており、近所の居酒屋で夕食をとることが多かった。ある日、店の板前が、川崎球場でのナイター帰りに立ち寄った江藤にカウンターにいた加藤を紹介した。「江藤さん、こいつは明治の野球部ですよ」

「加藤です。よろしくお願いします」

「何だお前、島岡(吉郎)のとこのもんか。明治は星野とか、ろくなもんがいねえからな」

軽口から始まった縁はこの後、江藤と加藤の互いの人生に深く長く関わり、終生まで続いていく。

ふたりが再び交わったのは、江藤が1976年(昭和51年)に現役を引退して7年ほどたってからであった。大学を卒業した後、加藤は都内のスポーツ用品店で働いていた。親身になって野球用具を提供した岩倉高校が選抜大会で初出場初優勝を成し遂げたり、それなりに仕事にやりがいを感じてはいたが、やはり野球の現場が恋しかった。ある日、江藤が日本で初めての野球の専門学校を静岡県の伊豆で立ち上げようとしているという情報を耳にした。引退後、江藤は解説者として活動をしていたが、常々、「わしはこの仕事は嫌いや」と放言していた。「どれだけ事前に取材して現場に臨んでも不勉強なアナウンサーが台なしにするんや。売り出したい選手を推してくるんじゃが、わしは野球については絶対に嘘は言えん」

引退後は中日新聞の記者になりたいと考えていた江藤である。野球を言語化して伝えることについては、前向きに捉えていたが、テレビ局やスポンサーとの付き合いが好きになれず、悶々としていた。新人選手の評価や順位予想について、節を曲げてまでコメントを出すのは嫌で仕方がないと漏らしていた。そんな江藤が静岡の伊豆で自ら学校をつくって野球の人材育成を行うという。

加藤は勇を振るって連絡をとった。自分もぜひ、その野球学校で働かせてほしいと頼み込んだのである。

「来てもいいけど、うちはカネなんか払えないぞ」

江藤の言葉は本当だった。この頃、野球学校を始めるという江藤の意志があるだけで、具体的な資金繰りなどはまだ着手されていなかった。天城の湯ヶ島町に野球場が建設されることになり、浄蓮の滝観光協会の肝入りで野球と観光をセットにしたボールパーク旅館などの着想があった。江藤はそこで球場建設のアドバイザーをしていた。太陽が沈む方角とホームベースの向きについてなど、事細かく助言をしていくうちに、ここで野球の学校をやりたいと思い至ったのである。「夢見る慎ちゃん」の面目躍如か、江藤は少年野球の指導を続け、子どもたちを率いてのブラジル遠征などを続けるうちに、あまりに閉塞的な日本の育成状況に憤りを感じていた。スポーツにおいてゴールデンエイジともいえる10代の育て方が、すべて学校の部活動に丸投げの形で温存されている。だから、学校を辞めた者はもうプレーをする環境をすべて失ってしまう。「野球くずれ」という嫌な言葉があった。才能がありながら、高校や大学で部風や監督の指導に合わなかったり、問題を起こしてしまって退校処分となって、以来、やさぐれてはドロップアウトしてしまった選手のことをやや侮蔑を込めて呼称したものである。くずれをもう出したくない。学校の形で技術を教えたい。何より一度挫折した人間に再チャレンジをする機会を与えたいというのが、その創立理念であった。江藤自身の野球人生が、セ・パ両リーグの首位打者という偉業を成し遂げながら、放出、破産、解任の連続であり、その都度、ゼロから失地回復を果たしてきた。それもまたプロであったから可能であったが、その地平に辿り着く前に道を閉ざされてしまうものがあまりに多かった。乃木坂の江藤の事務所には「たったひとりでも開校するぞ！」という張り紙が大書して出されていた。

天城の球場が竣工すると、江藤は観光協会の協力を得て、営業をやめる予定になっていた、りん泉という旅館を学生用の寮として借り受けた。野球場についてはその管理をすることで、使用も許された。練習をする場所と寝泊まりする施設を確保すると、雑誌や新聞に「日本野球体育学校が開校します！」の広告を打って入校する選手を募集した。校名がすべてを表していた。日本初の野球の学校である。1984年(昭和59年)、加藤は30歳になっていたが、意を決するように5月31日にスポーツ店を辞めると、伊豆に向かった。そしてこの開校の準備期間から無給で江藤のスタッフとして仕えていった。加藤は選手を受け入れる寮の事務室に布団を敷いて住まいとし、食事は観光協会の支援者の家でお世話になった。現金収入はその間、まったくなく、それでも献身的に没頭したのは、ひとえに江藤の日本初の野球学校にかける情熱に惹かれたからであった。「私も野球が好きでしたし、あの熱量を見たら動かずにはおられませんでした」それは上手い選手を集めてプロに行かせるための学校ではなかった。野球をやりたい、継続したい、けれどさまざまな事情でそれができない若者たちにプレーする環境を与えること。さらに2年の在学期間中に個々の技術を伸ばして次のステップに行かせるという目的があった。卒業後の進路はプロを目指す者、社会人に進もうとする者、指導者への道を選ぶ者、すべてをやり切ったとすっぱりと辞める者。それぞれのレベルや目標に応じて設定された。だから入学に際しては技量を見るセレクションではなく、面接で野球に対して真摯な気持ちで向き合えるかどうかという点だけが問われた。江藤の理念は、「熱意があれば、来るものは拒まず」であった。

日本野球体育学校、通称江藤塾は、学校法人化を目指した。そのために教務部長に文部省OBの大場隆雄を据えて授業カルキュラムを作成し、申請書類も準備していたが、初年度は学生が23名しか集まらなかった。申請資格は在籍学生数が40名以上なので、申請は見送られた。任意団体のままであったが、それでも1985年(昭和60年)4月10日には、湯ヶ島町の講堂を借りて、堂々とした開校式が行われた。

集まった学生たちは、15歳から23歳まで、さまざまな背景を背負っていた。中学は卒業したものの高校には行かず、けれど野球はしたいという者から、特待生で大学に入ったが寮やグラウンドでの体罰に耐えかねて、退部をして学校を追われた者。なかには関東の高校で1年生の時にショートのレギュラーで甲子園に出場するも上級生にねたまれて殴り合いになり、それが原因でグレて暴走族に入り、交番を襲って退学になった人物がいた。保護観察中であったが、保護司が江藤が出した広告を見て、もう一度好きな野球を伊豆でやったらどうかと勧めたのである。

加藤はこれら、複雑な背景も持つ23人の学生たちを一手に引き受ける寮監となった。

「初年度は正直、どうしようもない子ばっかりです。それでも野球によってのつながりなので、たとえ素行は悪くても筋は通っていましたし、僕の寮での指導も難しくなかったです。始まった学校は、毎朝、起床、掃除、朝食、講義、そして実技でした」

野球の指導はアマチュアの指導者資格を取っていた元ロッテの土屋弘光が行ってくれた。これは江藤のこだわりで、古い野球道を排し、ドジャース帰りの土屋に世界の先端をいくベースボールを教えてもらうという試みであった。セの牧野(茂)、パの土屋とうたわれた理論派コーチは、技術も戦術も丁寧に指導していってくれた。

野球を教える以上は、本場アメリカのメソッドを必ず常に意識した。江藤が校長としてもうひとつ徹底したものがあった。寮やグランドにおける暴力による指導の禁止だった。コーチにも絶対に手を上げるな、と厳命していた。そして学生には意見があれば、たとえ年上の者であっても、たとえどんなに地位が上の者でもはっきりと述べろ、と事あるごとに伝えていた。

開校して3か月ほどたった頃、午前中の授業に目黒高校のラグビー部監督であった梅木恒明氏を講演に招いたことがあった。同校を高校日本一に5回導いた梅木監督は、徹底したスパルタ指導で知られていた。実際、この時の講演も自身の軍隊式指導の効果を語るものであった。「私は夜中でも集合をかけて、10秒以内に起きてこない生徒はゲンコツで殴ります、人は身体で覚えるものです」梅木は緊張感を持たせるためとして、こんな逸話も話した。自分はいつも割れたビール瓶を持っている。そして突然生徒の前に差し出して、避けられたら100円を渡す。避けられなかったら、100円を徴収して、なおかつ身体に傷が残るので痛みで学ぶことができるというものであった。

それこそ、梅木の講義の最中は大きな緊張が走った。江藤塾のなかには、卒業後に指導者を目指す者もいる。質疑応答の時間になり、最年長の学生、福岡から来た松永高志が声を上げた。彼は九州産業大学の野球部を半年で辞めていた。「先生のお考えはそうかもしれませんが、暴力は大反対です。ボクは先輩に殴られて、野球にイヤ気が出ました。犬畜生として扱うのではなく、人間として扱ってほしいと思うのです」

江藤はこれを聞いて自分の考えが浸透していることの嬉しさをかみしめた。

著書『野球は根性やない』で江藤は日本野球体育専門学校についてこう書いている。

「人はよくうちの学校を戸塚ヨットスクールと間違える。落ちこぼればかりを集めて、暴力で生徒をつなぎとめる。親の手に負えない子ばかりの収容所、それがヨットと野球を取りちがえたと思われがちである。こっちはいい迷惑である。私らの学校はあくまでもプロの技術を求める集団でなくてはいけないのだ。野球の技術もさることながら、本当の野球の知識をおぼえさせなくてはいけないのだ。それには力づくで教え込んだところで何の役にも立たないのだ」

現役時代の豪快なイメージから、江藤が問題を起こした不良少年たちを野球における鉄拳制裁で更生させていると勝手に目されていた。しかし、加藤は仕事を進めていく上で、江藤が何も考えていないようですべてにわたって緻密であることに気がついていた。「江藤はずっと引退後も毎日、野球ノートを書いていました。今では当たり前でしょうが、当時、そんな野球選手はいませんでした。バッティングもフォーメーションも極めて綿密な人間でした」江藤は中学生時代から綴っているノートを、江藤塾の校長になってからも継続していたのである。

日本野球体育専門学校の学生たちは、過疎地と言われた中伊豆の地元の人たちとの交流も重ねていった。天城地区対抗の運動会で選手たちは大滝地区代表で出場して、大いに盛り上げた。やんちゃで知られた10代の少年たちが、地域の人々に感謝され、また自分たちも再び野球ができる喜びに浸っていた。

天城ベースボールクラブ

竹峰丈太郎は2度と野球などやるものかと思っていた。兵庫県加古川のボーイズリーグではオールジャパンに選抜されて、世界大会にも出場していた。同年代では日本屈指のショートに高校進学時は多くの名門校からの誘いがあるなかで、甲子園に出るには予選参加校の少ない島根県がいいだろうという判断で、江の川(現石見智翠館)高校への進学を選択した。しかし、これが大きな間違いであった。

1年の秋から内野のレギュラーでベンチ入りを勝ち取るも、監督による理不尽な暴力に延々と傷つけられ続けた。練習中のプレーのみならず、挨拶、態度、振る舞いが悪いといっては殴られ、蹴られ続けた。同級生の誰かがしくじると、連帯責任ということで、寮で全員が体罰を受けた。

2年生の夏の大会で県のベスト8で敗退して新チームが結成されると、決定的な出来事が起こった。シートノックを受けていた時、サードの選手がエラーをした。激怒した監督がノックバットを振り上げて呼びつけた。「また選手を殴るのか」ショートの守備位置にいた竹峰はげんなりしながら、ホームプレートに走るチームメイトの背中を見ていた。ところが、監督は続けて怒鳴った。「お前やない！ 竹峰じゃ！」なんでボールに関与していない俺が？ 納得できないと言う不満が顔に出た。「何や！ その態度は！」とたんに意識を失うほどのゲンコツが降り注いできた。ボコボコに殴られて激痛が収まらず、さすがに病院に運ばれた。高野連に知られることを避けて、医師には体罰のことは口に出せず、体育の授業でサッカーのゴールポストに頭から突っ込んだということにした。医師は「これはそんなケガではない」と断じた。すべてわかっているようであったが、黙って治療を施してくれた。しかし、その晩も2年生は全員が集められて殴られた。なかには鼓膜が破れた仲間もいた。

竹峰は先輩の言葉を思い出していた。「気をつけろ、新チームになったら、絶対に誰かが徹底的にシバかれるぞ」緊張感をもたらす意味で、主力をシメることが連綿と続いていた。それまでもことあるごとに竹峰は最も殴られていたが、常軌を逸する体罰に完全に気持ちが切れてしまった。メンバーは「お前に期待してるから監督は殴るんや」と慰めるように言ってきたが、「美談にするな。やられている俺には分かるんや。ただ感情的に嫌われて見せしめに殴られているんや」

この一件から、竹峰の心は閉ざされてしまった。実際、嫌われていたのか、それまで主軸の4番を任されて4割は打っていたが、あからさまに打順が下げられて、3年の夏の予選では8番に下ろされていた。県外に出してくれた両親のためにも退部することはかろうじて踏みとどまっていたが、新しいチームになってからは、あれだけ好きだった野球に対する心がもうカラカラに乾いてしまっていた。負けた時も涙が出なかった。県外のボーイズリーグから有望な選手を集め、1年の時から甲子園は確実に行けると言われていた竹峰の学年は夏の島根県予選の準決勝で敗れた。しかし、ずっと嫌な気持ちでいた竹峰はひとつぶの涙も出なかった。

ある日、監督に呼ばれた。「大学や社会人の話もお前には来ているが、卒業した後はどうする？」と訊かれた。「野球は高校で辞めます」と即答した。監督の思惑で進路を決められるのは、もう嫌だった。卒業してまでも俺が口を利いたという呪縛に遭うのはたくさんだった。自身も大学まで野球を続けていた竹峰の父親は、白球を追うスポーツを続けてほしいと言ったが、すでに断ってしまった後だった。当時の日本には現在のような独立リーグは存在せず、高卒の選手の場合、監督の推奨するルートから外れて野球を続けることは不可能に近かった。

年が明け、学校には就職する、と伝えていたが悶々とする時間が続いていた。そんなある日、親戚が新聞を一部持ってきた。そこには、日本野球体育学校、通称江藤塾の広告が載っていた。父は広告を見ながら竹峰に言った。「もしもお前が監督を見返したいんやったら、野球で見返すしかないぞ」それは、高校の監督が敷いたレールでなく自分の力でプロになることではないか。竹峰は卒業前に乃木坂にあった江藤事務所を訪ねていった。部屋には江藤がいて面談が行われた。開口一番、こう言われた。「うちはプロの養成所やないぞ」竹峰は虚心坦懐、なぜここに来たのかを伝えた。野球が好きで甲子園に出場したくて、越境入学をして寮生活をしてきたが、ひどい体罰にあって野球をずっと辞めようと思っていたこと。卒業して野球を辞めるつもりであったが、やはり自分はまだプレーをしたいという気持ちに気がついたことなど、偽りなく素直な気持ちを吐露した。竹峰は世代的に江藤の現役時代は知らない。しかし、父から豪傑で知られたエピソードは聞いていた し、強面の風貌からも暴力や精神論を肯定されるのではないかと、内心恐れていた。「理不尽に殴られたと思ってもあとから感謝することが、必ずある。今の自分があるのは、あの時の鉄拳があったからと思える時がくる。それができないお前は弱いんだ」そんな言葉が返ってくるのではないか。しかし、違っていた。「バカバカしい。野球は暴力やない。野球は技術やぞ、技術を知って上達するんや。殴ったり、蹴ったりでうまくなるはずがないやないか。指導者の役割は論理的に教えることや。野球は根性やない」江藤はハナから、体罰を否定した。竹峰は、身体の奥底に沈殿していた思いをしっかりと言語化してくれた人が目の前に現れたことに感動していた。「ここしかない。この人についていこう」入校を決めていた。別れ際、握手をした時の江藤の手のひらの大きさに驚いた。竹峰は島根に戻ると、進路先のことは誰にも告げずに卒業式を済ませると、その足で湯ヶ島に向かい、日本野球体育学校の二期生として入寮した。

おりしもこの1986年(昭和61年)に、同校のクラブチーム天城ベースボールクラブが社会人のクラブチームとして登録された。これで公式戦の参加が許された。野球体育学校自体はまだ学生数が23名で、学校法人申請基準の40名に達しておらず任意団体のままであり、寮は古い旅館を改装ならぬ転用したもので、環境は劣悪といえたが、竹峰はこのクラブチームで水を得た魚のように躍動した。江藤は寮でもグラウンドでも校内でも一切の暴力を禁じていた。ここで初めて野球の本当の技術を教わった。「フライは両手で捕るな、片手で捕れ」「打撃はヘッドを走らせろ」監督の加藤和幸は、なぜそうするのかを、丁寧に論理立てて説明してくれた。

36年たって竹峰は振り返る。「今、思えば、高校時代の監督は教える技術がなかったんですね。だから怒鳴っていた。何ひとつとして教えてもらっていない。気分が悪いと言っては怒ったり、エラーをしたと言っては殴る。技術がわからない人は、前で打て、ボールを見ろ、正面で捕れ、という。江藤さんと加藤さんは、キャッチボールでも片手で捕れ、片手だと稼働する範囲が広くなるやろう。そこまで丁寧に教えてくれました。バッティングも、細かいところはある程度のところまでいかないと教えられない、と言われながら実に丁寧に、手を出すな、大事なのはヘッドを出すことやと基本を教わりました。江藤さんはロッテ時代の落合さんを見て教えているんですよ。落合さんの話はよくしていました。あいつほど練習した奴はいないと。たまたまYoutubeを見ていたら、ある中日の選手が教えてくださいと落合監督に言ったら『振れ！』と言われてスイングを4時間ほどひたすらして、それを観察されていたという。その教え方は江藤さんと一緒なんです。スイング見て下さいと言うと、ずーっと振らされる。へとへとになると『OK、それやで』それを忘れるなよ』と言われて終わる。続けるとヘッドを走る感覚がわかるんです。僕は江藤塾で目から鱗の連続でした。イチローが出始めの頃に、振り子打法であんなに頭が前にいっていたらあかんと評論家が言うなか、江藤さんは、トップが残っているから突っ込んでもええんや、と言うてました。技術論がしっかりしていて物凄く勉強になりました」

学校のほうは午前中が座学の授業で、江藤の人脈を生かして、幾人もの選手やOBが講義に来てくれた。サッカーの釜本邦茂や弟の省三、そして特筆すべきは、大リーグに挑戦し、夢破れて帰国した江夏豊がその2か月後に湯ヶ島まで来てくれたのである。江夏が講義した後は、寮の赤電話の前に行列ができた。それぞれにわけがあって野球体育学校に入ってきた選手たちが、親や親類、友人たちに感動を伝えるために殺到したのだ。

天城ベースボールクラブとしての試合は、中央、国士舘といった東都の大学、スリーボンド、ヨークベニマルなどの社会人と重ねていった。竹峰はバッティングを生かすために外野に転向していたが、2年間プレーを続けると、ロッテ、阪神、阪急からスカウトの打診があった。江藤に「ドラフト外でも行きたいです」と伝えると、「あと1年待て。まだ全部は教え切っていない。お前は技術的には問題ないが、体力がない。プロに入って終わりではない。そこで活躍してほしい」しかし、竹峰は急いだ。「今、行きたいんです」何度もかけ合って許しをもらった。こうして1988年(昭和63年)、竹峰は奇しくも高校の後輩である谷繁元信と同期で阪神タイガースにドラフト外で入団した。野球体育学校のプロ入り第1号であった。高校時代の監督から自宅に祝福の電話が入ったが、竹峰はがんとして受話器に出ようとしなかった。阪神に入団すると、江藤が太平洋の監督時代に手塩にかけた真弓明信がことのほか可愛がってくれた。「真弓さんのバッティングの教え方もバットの始動のさせ方や、ボールの下を叩いてバックスピンをかけろというところが江藤さんと同じでした。江夏さんは評論家でキャンプで来られていたので、あの江藤塾の者ですと、あいさつに言ったら、『ここはややこしい球団やけどがんばれよ』と言っていただきました」

しかし、竹峰のプロ生活は在籍2年で幕を閉じた。江藤の懸念していた体力不足が要因でもあった。先輩たちはキャンプでも、アップで平気で3時間も基礎訓練を繰り返していた。思えば、日鉄二瀬の頃に濃人渉が江藤に「プロ入りは3年我慢しろ」と言ったのもこの体力強化が目的であった。たらればはないが、あと1年、竹峰が入団を遅らせていたら結果は変わっていたかもしれない。

「僕は、プロに入った段階でもう満足してしまっていたのかもしれません。高校の監督をそこで見返すことができたからです。僕は江藤さんに会って初めて野球を学びました。

その人の顔に泥を塗ってしまったのは、今でも申し訳なく思っています。江藤さんは、矛盾や理不尽の中で生きてきた選手、特に大学を中退した選手を大事にしていました。その後、広岡達朗さんが滋賀に野球学校（甲賀総合科学専門学校）を作りましたよね。亜細亜大学を中退した藤本（敦士）がそこから育ってプロになりましたけど、その前からそういう役目を果たしていました」今、運送業を営む竹峰は少年野球を指導している。「弱い指導者ほど、人を殴る。あれは絶対にだめですよ。若い選手が、監督の顔色を見て、サインひとつで動かされて。間違えると殴られて。そりゃあ野球人口も減りますよ。空き地で楽しかった頃を忘れています」息子は春から中学の硬式チームに入る。竹峰は、こんこんと理論で諭すようにしている。

晩年

江藤は竹峰丈太郎を阪神に送り出した3年後、天城ベースボールクラブを「全日本クラブ野球選手権」に出場させて初優勝を果たす。江藤自身はアマチュア指導資格を持っていなかったが、野球連盟の承認を受けて顧問という立場でベンチ入りしていた。さらにクラブ運営でも積極的な動きを見せた。翌1992年に小売り流通チェーン店のヤオハンと提携し、クラブをヤオハン・ジャパンという企業チームに改変したのである。明治時代から続く小田原の青果業、八百半は、１９７０年代から拡張を続け、日本国内のみならず、アメリカ、コスタリカ、シンガポールなど世界的にチェーン店展開を行い、１９８２年（昭和57年）にはついに株式上場を果たしていた。勢いは止まらず、１９９１年11月には八百半デパートが、株式会社ヤオハン・ジャパンに商号変更を行った。これは、１９９６年に行われるヤオハンのＣＩ（コーポレイト・アイデンティティー）導入に連なる流れであった。ＣＩは統一した企業イメージを構築するために企業理念と、それを象徴するロゴマークを新たに打ち出す。商号の変更には告知するために莫大な予算が投入されるが、江藤は、ヤオハンのオーナー一族に「社名変更にあたって宣伝広告で新聞各紙に一億円出すなら、同じ静岡の野球チームに投資されませんか」と説いた。業務委託費用1億円で、天城ベースボールチームの選手を契約社員でもいいから勤務させてもらって都市対抗をともに目指しませんか、というものである。確かに社会人チームとして試合に勝ち続ければ、紙面には社名が掲載される。これ以上ない、ＣＩ戦略とも言えた。このあたりのセンスは、自らの会社経営やロッテ、太平洋というスポンサー獲得に苦しんだチームを経験したことが、糧になっていたと言えようか。ヤオハンはこの提携を受け入れ、江藤塾は天城ベースボールクラブを経てついに社会人野球へと舵を切った。結果が出るのも早かった。ヤマハや河合楽器など、名門社会人チームがひしめく静岡でヤオハン・ジャパンは予選を勝ち抜いて1994年に都市対抗に出場する。この時にトップバッターとしてチームを牽引した外野手が東大阪市生まれの大西崇之（現中日外野守備走塁コーチ）だった。大西は中学卒業後に進路として選んだ大産大高校大東校舎を1年生の1学期で中退していた。「喧嘩とタバコで揉めてケツまくったんですよ。家が土建屋やったんで、まあ中卒でそれを継いだらええわ、と思っていたんですね」実際に高校を辞めると同時にすぐに働くつもりであったが、祖父が大西が野球を辞めることを寂しがった。「学校行かなくなって1、2か月、ぼけーっと何もせんと、親の仕事手伝いながら、ほんま、その辺のちんぴらみたいなもんですよ。その時、実は母方のおじいちゃんが、肺がんで厳しい状態だったんですけど、白いハンカチに野球のボールの絵を描いて、家族や親せきの寄せ書きみたいなんを送ってくれたんです。おじいちゃんは画の先生やったんですけど、頑張れ！とか野球辞めるな！とか、何やこれ、何でみんなまた俺に野球させせんねんて思っている時に、鹿児島商工（現樟南）の監督がうちにけえへんかって誘ってくれてたんです」

鹿児島での寮生活は自宅から通うよりも厳しい生活であったが、大西は、祖父にまだユニフォーム姿を見せたいと一念奮起をして鹿児島商工に転入する。「あの鹿児島での生活を1億円やるからもう一度やれと、言われても絶対に断ります」という日常の中で、3年の春と夏に続けて甲子園に出場する。プロも注目する選手であったが、卒業後は学校の勧めるままに亜細亜大学に進学した。しかし、大西は当時の亜細亜の軍隊のような管理体質が合わず、再び1年生の半ばで中退すると大阪に戻った。野球を続けたく、オリックスのテストを受けるも合格とはならなかった。プロに行きたいという夢は継続していたが、このままでは所属がなくなる。しかし、オリックスのスカウトがヤオハン・ジャパンの存在を教えてくれた。当時のヤオハンの監督は中日や阪急でプレーをしていた後、アマ指導者資格を取得していた岡嶋博治で、オリックスとは親和性があった。「岡嶋さんのところで数年鍛えたら、プロに行ける選手です」という連絡がスカウトからヤオハンに入った。大西はこうして伊豆に向かった。野球をあきらめきれず、都度、挫折を乗り越えてきた大西が、再チャレンジをしたい人間に門戸を開くことを目的にした江藤のチームに入団したのは、必然とも言えた。

江藤塾時代から、無報酬でチームを支えていた加藤和幸はヤオハンになってから、ようやくコーチとして給料を受け取れるようになった。選手も監督もコーチも業務委託で1年に一度、ヤオハンの野球部長と話し合ってその都度、契約を更改していくというシステムであった。ボーナスは夏、冬で1か月ずつ支給された。ただ、ベースとなる基本給は江藤のプロ的な考えから、年齢ではなく、実力で金額が決められるというものであった。大西は当時の手取りで約25万円、トップクラスの評価を得ていた。オフはスーパーマーケットの店頭にも立ち、礼儀正しい振る舞いからパートの女性店員さんたちにも愛された。大西は伊豆の地で存分に野球に浸り、パンチのある1番バッターとして2本の本塁打を都市対抗の初戦で放つなどして、活躍を続けた。江藤は1994年のドラフトが近づくと、現役時代から付き合いがあった中日のスカウトである法元英明に毎朝電話をかけ続けた。大西にプロ入りの意思が強くあることを伝えて売り込んだのである。

法元はこう回顧する。「江藤は朝が早くてね。毎朝6時半頃に電話が鳴るわけですよ。『ホウさん、大西の真面目な練習態度、あるいは日頃のチームの中で感じる価値観、そういうものを見て、ああ、こいつはプロへやりたいと、俺は心底思っているんだ』と、熱心に語るわけです」

ベテランスカウトの法元もまた鹿児島商工時代から大西のプレーを見ており、都市対抗での活躍も知れ渡っていたので、ドラフト6位で指名となった。大西はその後、中日、巨人で俊足好守の外野手として活躍し、指導者としてもこの二球団で外野守備走塁コーチを務め上げている。

大西はやんちゃだった自分が人間としての土台を築いたのは、伊豆のヤオハン時代であったと公言して憚らない。

「働いて給料もらって生活をすることの尊さを学んだしね。江藤さんについて忘れられへんのは、僕はインコースがなかなか打てなかったんで、どうしたらいいですか？と訊いたら、『インコースを打たなきゃいいんだよ』と。なるほどなと。そんな発想は、自分の中ではなかったんで新鮮だったんですよ」権藤博の言葉を思い出す。「むしろ（江藤は）インコースが打てなかった。だけど、あれだけの迫力では投手は懐には投げられない。そこでインコースは捨てて踏み込む。それで打っていたんです」大西は懐かしそうに続けた。

「苦手なボールに手を出して凡打するより、要は打てる球をしっかりと仕留める。そして四球を選ぶ。首位打者を3回も取った人の言葉やからね。プロに入る上では至言でした。何かこうして今思い出しても、江藤さんに怖いとか、厳しいとか思った記憶はないですね」

大西がプロに巣立った翌年、1995年から加藤が監督に就任した。ところが、静岡予選を全敗してしまう。江藤がここで動いた。ロッテ時代の盟友であった木樽正明や野球殿堂入りした広岡達朗が指導に来てくれた。木樽も広岡も縦に落ちるスライダーを操る岡本真也（後に中日、西武、楽天）に目をかけて熱心にピッチングを教えてくれた。

立て直した成果が出て、1997年の都市対抗にヤオハン・ジャパンは2回目の出場が決まった。チームは当然のことながら盛り上がった。「さあ、これからだ」監督の加藤も岡本を中心にまとまった選手たちもモチベーションが上がった。都市対抗が終わり、秋季練習に移行しようとしていた9月、いきなり全社員が会社に集められた。そこで選手たちは、信じられない通達を耳にする。「ヤオハンは倒産致しました。選手に関しては年末まで雇用契約はできるが、翌年からは、もう契約はできません」監督、コーチ、選手たちにすれば寝耳に水であった。ヤオハンは凄まじいスピードで世界的なコングロマリットに成長したが、過剰投資が仇となり、バブルの崩壊とともに終焉を迎えた。皮肉なことに都市対抗出場を果たした年にオーナー企業がつぶれてしまったのである。

「わしが何とかする」江藤はチームを受けてくれる企業を探しに奔走する。しかし、時代は大きく変わりつつあった。社会人野球からは、関東自動車も大昭和製紙も撤退していき、企業による野球チームは衰退の一途を辿っていた。ネットワークビジネスのアムウェイがスポンサーに名乗りを上げてきた。チーム名はアムウェイレッドソックスという呼称に変わり、再びクラブチームとなった。冠に企業名がついたが、スポンサー料は年間500万円しかなかった。アムウェイ側はトップの江藤を筆頭にした自社の会員拡大を期待したが、江藤は頑として断った。

加藤は「選手にアムウェイ会員を勧めることを期待されていた冠だったのかもしれませんし、さらなる支援もあったかもしれません。でも江藤は人間関係をビジネスにすることとが大嫌いでしたから、ネーミングライツ以上のことはしませんでした」

江藤が企業チームを探すというのを信じて、選手は休業補償をもらい、アルバイトをしていた。１９９８年、アムウェイレッドソックスはそれでもエース岡本の活躍で静岡予選を勝ち抜き、盛岡で行われた「全日本クラブ野球選手権」で優勝を果たした。ＭＶＰは捕手の貝塚茂夫が獲得した。

この時、女子選手の松本彩乃が決勝のウイニングボールを摑んでいたことを知る人は少ない。

江藤は以前より、女子野球の普及にも注力をしていた。クラブチームに変わったことを前向きに捉えて、レッドソックスに女子選手も登録することを考えついた。スポンサー企業獲得に奔走する一方で、「沼津で女子野球をやりませんか」という新聞広告を打つと、全国から、10名以上の選手がテストを受けにやってきた。天城ドームで行われたセレクションの結果、このうちの４人を選手採用し、春先から試合に参加させていたのである。片岡安祐美が監督を務める茨城ゴールデンゴールズが誕生する前に男女混成のチームを江藤は作っていた(片岡が熊本商業で江藤の後輩にあたるところが、興味深い)。松本彩乃は女子野球部のある金沢学院大学のＯＧで技術のしっかりした選手だった。

レッドソックスは江藤塾の流れを汲むチームとして天城ベースボールクラブ以来、２度目の「全日本クラブ野球選手権」優勝を果たした。だが、ここまでであった。翌年から、パチンコホール業のマルハンがスポンサーにつく動きもあった。マルハンの2代目、社長の韓裕は自身も京都商業時代に甲子園で準優勝している球児であった。しかし、これも立ち消えになった。江藤の奔走も空しく、チームは解散となった。

夢見る慎ちゃんが、日本野球体育学校を創設してから、ちょうど15年がたっていた。江藤はその後、2001年に徳田虎雄が代表を務める自由連合から、参議院選挙に出馬するも落選している。

そして、2003年に脳梗塞で倒れた。入院して、検査をすると肝臓にガンが見つかった。江藤は酒豪というイメージを持たれていたために、酒席の相手の期待に添うように無理に飲むことがあった。手術は成功したが、脳梗塞の合併症か肺の動きが悪くなり、日に日に呼吸が苦しくなって意識不明に陥った。長女の孝子が駆けつけると、朦朧としていた。「パパ、大丈夫？聞こえますか？」うわごとに耳を近づけると、「今の空振ったな」「次何回だ？」「今の日本の野球は遅れてるからな」とろれつが回らない口調で延々と野球のことをつぶやき続けていた。孝子は意識を遠くにいかせないために「そうですね、その通りですね」と、相づちを打ち続けた。

ＩＣＵに入り、1週間こんこんと眠り続け、一時は危篤状態にも陥ったが、鍛え抜かれた体力はついに病魔を追い返した。肝臓がんも肺炎も克服してついには、4か月後に退院となった。

「大きな大漁船がやって来て、こっちに乗れと言われた」「そんな夢見て、乗ってたらやばかったね」そんな会話を孝子としていた。

死地から脱し、リハビルを行っていたのも束の間、1年も経たないうちに2回目の脳梗塞が襲ってきた。今度は重症であった。再発は江藤の身体の自由と声を奪った。弟の省三によれば、寝たきりになりながらも意識は明確にあり、時に涙を流していたという。３年もの間、闘病を続けたが、２００８年2月28日に亡くなった。

誇り高い左腕が口を開いた。「いまだに忘れられんのが、亡くなる最後の1週間ぐらい前やったかな。見舞いに行ったら、体が全く動かない。ただ、目の瞳だけが、動いてるわけ。だから、誰が来たかはわかるんだ。でも、しゃべれない。そんな江藤さんが手を伸ばして、俺のこの指を右手でぐっと握った。力が入るのがわかった。本当に涙が止まらなかった」

江夏豊は阪神の新人の頃から、江藤との勝負を楽しんできた。インコースでもアウトコースでも左右に打ち分ける技術があり、間違っても高めにいけば、長打を食らう。打者の心理を読むことに長けた江夏が、勝負師としての江藤をこう回顧する。「やっぱりバッターの性格を知るというのは、大事、いや大事と言うよりも大きな武器ですね。プロのバッティング技術が高度なのは当たり前です。だから、相手が打ちたがり屋なのか、反対に無理して打たないタイプなのかを見極める。江藤さんは必ず振ってきた。一対一の力勝負を好む人だったから」

江夏といえば、1971年(昭和46年)のオールスター第一戦における9者連続三振が有名であるが、その時のオールパシフィックの4番がこの年に首位打者になるロッテの江藤であった。

当時のプロ野球は、巨人を中心にした圧倒的な人気のあるセ・リーグに対して、パ・リーグは6球団の観客動員数が巨人とほぼ同じという状態が続いていた。パ・リーグの強打者たちは皆、オールスターでセ・リーグのエースの球を打ち込んでやるという意気込みでかかってきた。ただバットに当てようとする者はおらず、江藤は特にそうであった。目線よりも高いボール球をフルスイングして、三振に倒れても悠然とベンチに戻っていった。さらに逸話がある。前年の1970年(昭和45年)のオールスターの第2戦に登板した江夏は、ここで有藤道世以下、長池、池辺、張本、野村と5者連続を奪っていた。つまり1971年第1戦を終えた段階で14者連続を達成しており、記録は継続中であった。後楽園での第3戦に江夏が登板すると最初に代打で登場したのが江藤であった。ここでも力勝負を挑み、見事に三振に倒れて15人目の打者となった(次打者は野村でセカンドゴロで記録は潰えた)。

江藤が現役を退いたあとも交流は続いた。江夏が西武ライオンズに移籍後、広岡達朗監督との軋轢から不本意な中でユニフォームを脱ぐことになり、引退式をすることになったが、どの球団も球場を貸してくれなかった。最後は多摩市の一本杉公園野球場で行うことになったが、当初は名球会も冷淡であったという。江藤はハワイの名球会総会で協力しようではないか、と提言を繰り返した。引退式が行われた日、江藤は湯ヶ島の日本野球体育学校の開校準備をこの年の春に控えて忙しい中、真っ先にかけつけて江夏が乗る騎馬の先頭を受け持ち、胴上げでは真ん中で支えた。

さらに江夏が渡米して大リーグに挑戦することを表明すると、その決意を最も喜んでくれたのが、江藤だった。

「食事をしている時にその挑戦を告げたんですよ。そうしたら、本当に熱い言葉をいただいて。僕がアメリカに行った理由というのは、まだ3、4年現役をやる自信があったのに広岡野球、組織野球に勝手に干されたわけで、江藤さんもそれをよくわかってくれていました。だから、挫けるなという激励もあったと思います。メジャーに出発する時は、もう名球会の中でも先頭になって喜んでくれて、周りの人にしてみたら、何で江夏が行くのに慎一さんがこんなに喜ぶのって、そういうような感じを持たれていました。まるで弟が行くように嬉しそうにされていて、俺はここまで思われているの？　という変な喜びがあったのは覚えています」

江藤は江夏が腕一本で海を越えて海外へ野球をやりに行くことを我がことのように喜んだ。何となればそこに夢があったからであろう。江夏から渡米する話を聞いた夜、江藤は大洋時代のチームメイトで離日後はサクラメントに暮らすクリート・ボイヤーに国際電話をかけた。あの阪神タイガースにいたサウスポーのエナツが、3Aバンクーバーとの契約を交わし、ブリュワーズへの入団を目指してアメリカに行く、ついては何かあれば支えてやってくれないか。ボイヤーは「どうしてもっと早く教えないのだ。うちのアスレチックスでもエナツの力になれたではないか」と半ば怒りながら、約束を守ってくれた。

「どこだったかな、アメリカのちょっと地名を忘れたけど、オープン戦で会った時に、ボイヤーはすぐ来てくれて、片言の日本語で江藤からのコメントだっちゅうことを言ってくれた。アジア人への人種差別もある広いアメリカで、江藤さんの名前を聞いただけでもやっぱりほっとしましたね」

36歳の江夏はアリゾナ州フェニックスのブリュワーズのキャンプ地で3か月にわたっ

てメジャー昇格に向けて闘い続けた。その間、江藤から2度、手紙が届いた。「プレーや環境についいては何も具体的になかったですが、武士は刀だけは常に磨いておけというようなことが書かれていました」孤独な挑戦の中でひとときの励ましになった。言葉の通じない慣れぬ異文化の中で通訳もつかず、その待遇は日給25ドルで身の回りのことはすべて自分でやらなくてはならない。

「日本人のいないチームで、相手も日本人との接し方わからない。だから、戸惑うケースが多かった。人種差別いう言葉、日本では簡単に言ってるけど、やっぱりかなり窮屈なとこがあって、トイレも白人専用でそこは使うなと言われたところがありました。キャンプでは、夜寝る時に、日本におれば、もうちょっといい思いして暮らせるのに、俺は何でこんなところに来て、こんな寂しい思いして寝ないかんのかっちゅう。それは、何回か思ったけど、自分で割りきらないとしゃあないと思い至った。だから、やっぱりアメリカに行った3か月間というのはいい勉強になったね」

江夏はテストの最終段階までロースター(登録)に向けて結果を出し続けてきたが、最後のイスを巡ってテッド・ヒゲーラに敗れた。1985年(昭和60年)4月、リリースが告げられたが、悔いはなかった。

「自分は広岡さんに投手としての死に場所をとられて不完全燃焼やったから、投手魂を納得させる場所が欲しかったんやね。最後に結実した」敬愛する新選組の土方歳三は幕臣でありながら、侍として燃え尽きるために函館五稜郭に死に場所を求めた。それが江夏にとってはブリュワーズのキャンプだった。江夏と争ったヒゲーラはこの年15勝をあげる。いかにレベルの高い戦いであったことか。これより10年後、野茂英雄が近鉄を退団し、メジャーへの入団を表明した際、ほとんどのマスコミや評論家はバッシングを繰り返したが、江夏は野茂の夢を支持して応援する論陣を張った。それが自身の体験からきていることは言うまでもない。

メディアも球界も夢を追う後進をなぜ、応援してやらないのか。「俺も野茂もメジャーに行く最初は頑張れという声を聞いたことがない。そういう状況で(アメリカに)行ったんだから。野茂への応援は、やっぱりいい意味で、江藤さんが俺を思ってくれた気持ちと同じやね。いや、嬉しかったしね。また俺やから、野茂も喜んだんじゃないかな」

江夏は、メジャーへの夢が成就せず帰国してから、江藤の主催する日本野球専門学校を訪ねて講演を行っている。

「そこにおる人が全部とはいうんじゃないですけど、結構、優秀な有望な人が、人との接し方ができなくて問題起こしたり、暴力振るったり、そういう人ってたくさんいる。好きな野球ができなくなった。それは、もう僕も何人か見てきているし。僕自身が、中学の時暴力問題でクビになって陸上部に入って砲丸投げをしとったんやからね。そういう子らへの機会を提供するのは大事ですよ」

江夏は1993年に覚醒剤所持の容疑で逮捕され、2年4か月の実刑判決を受けていた。

「良い野球人でも、やっぱり江夏という人間を温かく包んでくれる方というのはそうはいない。それは、いろんな感情が湧いて近付き難いというふうになれば、合わない部分も当然人間だからあると思うんです。でも、江藤さんは、初めから弟に接するような、おい、やんちゃくれ来いと言ってくれた。僕の人生にとって実際の兄貴はふたりいたんだけど、そういう接し方ができなかった。僕の環境は、3人兄弟で男ばっかり。長男は14歳上で、親父はいなかったからもう父親代わりで。真ん中の兄貴は、養子に出されたから。あまり子どもの時に遊んだり、一緒にご飯食べたという思い出がないんです」

全盛期のONを抑えての2年連続の首位打者、水原監督との確執によっての任意引退、副業の会社の倒産と借金、セ・パ両リーグにまたがる首位打者、再びのトレード、兼任監督、4度目の放出、少年野球、野球学校……、これらの半生を踏まえて江藤さんはどんな存在でしたか、と訊くと、孤高の左腕は、「こよなく野球を愛した誇るべき先輩やね」と言った。

Golden Players Club

もうひとつの終章

江藤慎一についての章を閉じる時、加藤和幸のことをどうしても書いておきたい。加藤は母校である明治高校の監督を務めながら、江藤が眠る伊豆・天城を離れようとはせず、東京との往復を現在も続けている。墓守りを生涯続けるという加藤は、当然、江藤の活動の最後まで連れ添っていたものと思っていた。ところが、1997年にヤオハン・ジャパンを都市対抗に導いた直後、ヤオハンの倒産によってチームがアムウェイ・レッドソックスに移行する際、江藤に解雇されていたのである。倒産後の休業補償は半年しか出ず、生活の限界を感じていた加藤は夜勤の仕事を入れて、昼間に野球の指導をしたいと申し出た。「親父、もう他の仕事をしないと生きていけないんです。夜に仕事をしながら、チームのために働かせて下さい」養うべき家族も抱え、さすがにもう若い時のようにはできない。しかし、14年間支え続けた人間から返って来た言葉は、「そんな奴はもういらん」無給の時代を含め、江藤塾の準備期間から支えてきた加藤はその一言でチームを追われた。40歳も半ばに差し掛かっていた男は野球を離れ、東海道新幹線の夜中の軌道工事の仕事や、鉄道の確認車の運転をしていた。数年が経ち、江藤が危ないという電話が入った。

病院に駆けつけると、薄暗い個室に身体の動かない江藤がいた。声は出せず、泳いだ視線が加藤を認めた。次の瞬間、涙を見せた。「それを見て、私は涙が止まらなくなってしまったんです。巨体を横たえて紙オムツをしている江藤を見て、どんな苦境でも涙なんか見せなかった江藤の目に涙が浮かんでいるのを見て、私は号泣してしまいました」横で看護師が、江藤に語りかけた。「あら、珍しいわね。今日は嬉しそうね」加藤の嗚咽は止まらなくなった。

府中にある明治のグラウンドで向き合い、かねてよりの疑問を訊いた。

江藤は選手に対しては徹底的に暴力の行使を否定し、グランドの内外での理不尽なしごきは排してきた。しかし、なぜか加藤に対してだけは、自ら手をあげることがあった。特に加藤が監督をして試合に負けた後は、しばし平手が飛んだという。その話を聞いた時に、長女の孝子が「父は弱い人だったと思います」と語っていたことを思い出した。「でも怖いから努力するのだと思うし、とても臆病だから、バッティングもチームもどうしたらいいのかを常に追及していたのだと思います」

江藤の夢の実現を献身的に仕えながら、時に殴られて、最後はクビにされてしまった。矛盾と理不尽の中でさっさと東京に戻って、批判的な言辞のひとつも周囲に漏らしてもおかしくはない。けれど徹頭徹尾、この江藤慎一を語る取材に関しては前向きな言葉しか口にしなかった。なぜ、解雇されても伊豆に留まって墓守りを続けておられるのですか。加藤はしっかりと口を開いた。

「私は30歳の時から江藤と24時間、ずっと一緒にいましたから、彼のことを全部見て来ました。人間ですから綺麗な面も汚い面もあります。それでも野球人として、野球に関してあれほど純粋で真剣な人はいなかったですよ。無私の気持ちでなければ、絶対にあそこまではできません」他の人は依存、と言うかもしれませんが、自分にしかわからないものが確かにあるのです、そう聞こえた。

名球会会員として悠々自適な解説者生活も約束されていたであろうなか、メディアの仕事を断り、各球団への就職活動をするわけではなく、少年野球の指導に没頭した。育成の必要を痛感すれば、行政や企業にかけあって野球の学校を作り、自費でログハウスを建設し、様々な背景のある少年たちと寝食をともにしてきた。実際に幾多の少年たちに希望を与え、更生のサポートもしてきた。江夏が大リーグに挑戦するという時は、周囲が冷淡ななかで真っ先に応援役を買って出た。左腕がメジャー昇格ならず、帰国した時も江藤だけが成田空港に出迎えに向かった。その姿をいつも間近で見て来た加藤には、時に発散するように自分だけに理不尽な仕打ちがあっても揺るぎない信頼があったという。

「省三さんは兄貴の墓は動かさないと言っていますから、だから今年も命日には必ず掃除に行く事にしています」

2023年2月28日、15周忌にまた加藤は江藤の墓地に向かう。

首位打者争いを演じていた王貞治とオールスター戦にて　1965年7月

オールスター第３戦で殊勲賞を獲得し、トロフィーを手に笑顔　1965年7月

小川健太郎投手と　1968年

試合前に長嶋茂雄と　1969年

巨人入りする弟・省三と　1965年12月5日

ジェイ・ワード(右)とジーン・スチブンスの両外国人　1966年2月13日

江藤慎一(右下)と中日ナイン。撮影日不明。(法元英明氏提供)

1974年10月12日、古巣中日がリーグ優勝を決めた試合の9回、江藤は2点本塁打を放つ

2000本安打を達成。試合後に近鉄西本幸雄監督と　1975年

竹之内雅史（右）と完投勝利の東尾修（左）を出迎える　1975年

自宅にて娘·孝子と

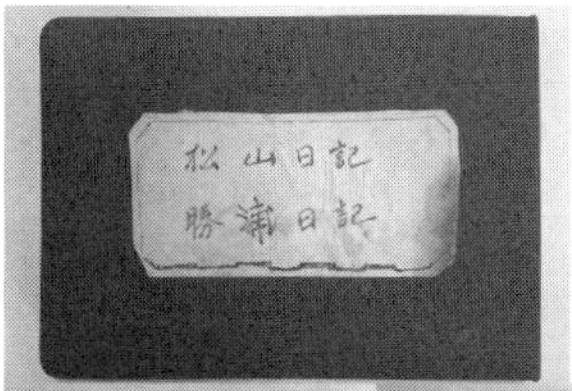

本編でも紹介したキャンプの模様を
レポートした「勝浦日記」(遺族所蔵)

勝浦日記

ペンの走るままに

江藤慎一

16日

主人(葛城さん)にご声援を

(わが家はユニホーム)

わが家はユニホームである。主人は葛城さんだ。昨年、主人のドラゴンズ入団が決まったとき、わが家はどんな人だろうかと写真や新聞を見たりしながら胸をわくわくさせ、きょうまで待っていた。

わが家たちもシーズン・オフがあって、その間、選手と同じようにゆっくり休養を取り、ことしも大いにハッスルしようと張り切ってキャンプ地勝浦へ乗り込んできた。

まずわが家は筋肉のりゅうとした、がっちりした体格に驚いた。それにからだが柔らかい。だんだん練習に力がはいってくると、主人の汗の玉がわが家にもふりかかってくる。わが家も熱がはいり、夢中になって主人についていった。

"ことしはやるぞ"と張っているうちに"やってみせる"という気持ちに変わった。主人がどんなに初日から張り切っているのに、わが家だけがぼんやりしていては申しわけないから——。主人が大いに活躍してファンの注目をあびれば、わが家も仲間同士で鼻が高いし、それだけファイトもわいてくるのだ。

ファンの皆さんも新しいドラゴンズの一員になった主人に[illegible]。わが家もうんと張り切ります。

([illegible])

ドラゴンズの宿舎"なぎさや"の全景

首位打者を獲得したときに届いた多数の電報(遺族所蔵)

2年連続首位打者に輝き、家族と乾杯　1965年

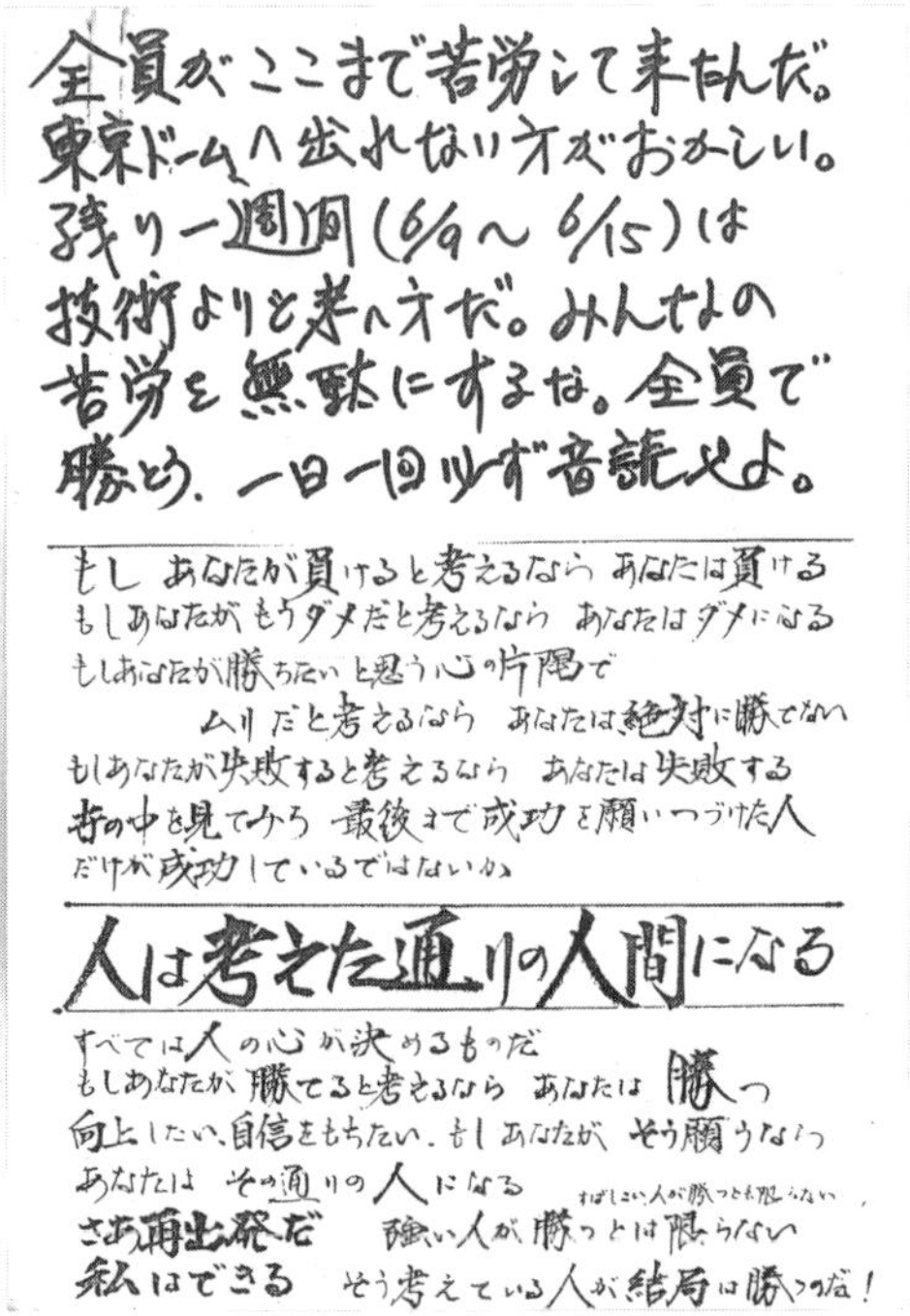
全員がここまで苦労して来たんだ。
東京ドームへ出れない方がおかしい。
残り一週間（6/9〜6/15）は
技術より考え方だ。みんなの
苦労を無駄にするな。全員で
勝とう。一日一回必ず音読せよ。

もしあなたが負けると考えるなら　あなたは負ける
もしあなたがもうダメだと考えるなら　あなたはダメになる
もしあなたが勝ちたいと思う心の片隅で
ムリだと考えるなら　あなたは絶対に勝てない
もしあなたが失敗すると考えるなら　あなたは失敗する
世の中を見てみろ　最後まで成功を願いつづけた人
だけが成功しているではないか

人は考えた通りの人間になる

すべては人の心が決めるものだ
もしあなたが勝てると考えるなら　あなたは勝つ
向上したい、自信をもちたい。もしあなたがそう願うなら
あなたはその通りの人になる
さあ再出発だ　強い人が勝つとは限らない　すばらしい人が勝つとも限らない
私はできる　そう考えている人が結局は勝つのだ！

ヤオハン・ジャパン時代に送った直筆の激励文

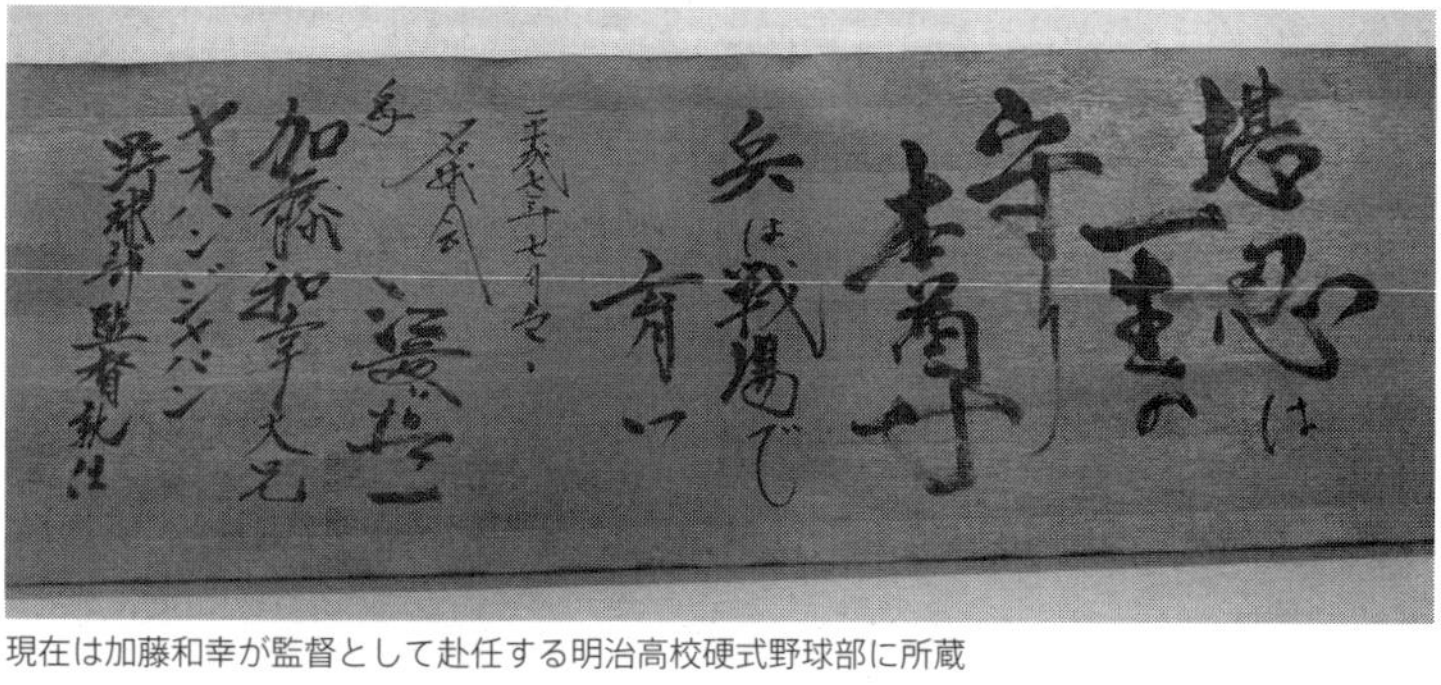

現在は加藤和幸が監督として赴任する明治高校硬式野球部に所蔵

盟友の張本勲氏と

引退後は少年野球を通しての国際交流にも尽力した

あとがき

野球選手にとっての夢とは何だろうか。史上初のセ・パ両リーグでの首位打者を獲得し、1度は監督の仕事にも就き、2000本安打を打ちながら、江藤慎一は最後までアマチュアの若い選手たちと泥にまみれることを望んだ。地域密着を謳うJリーグが発足する以前から、野球の育成アカデミー、そしてクラブチーム、女子選手の起用と、1980年代から今思えば先進的な取り組みを続けて来た。大いなる山っ気の中にあるその夢を追ってみたかった。またあれだけの実績と功労(2010年に野球殿堂入り)がありながら、晩年の闘病を知る人があまりに少ないことに寂寞を感じていた。軌跡を辿る取材で出逢った人たちは、皆「慎ちゃんのためなら」「江藤さんのためなら」と胸襟を開いてくれた。

一方で、江藤は水原監督との確執によって中日を出されていなければ、引退後は中日新聞の記者になる予定であった。その意味では、流転の半生が晩年の伊豆での挑戦に繋がったものの、やはり将来の目算が狂った放出劇であった。取材の最後は、同じく選手会会長として球団に様々な環境改善を求めたことでうとまれて中日を出された田尾安志(楽天イーグルス初代監督)に話を聞きにいった。

田尾は江藤が出された5年後に中日に入団し、1982年(昭和57年)には打率・351

でランキング2位、これより三年連続最多安打記録を記録する屈指の好打者となり、ファンにも愛された。しかし1985年（昭和60年）あと一週間でキャンプが始まる1月24日に西武へのトレードが発表されたのである。

「当時は選手の権利がほとんど無かった時代でした」と田尾は言った。「選手会長として、選手の意見を聞いて球団に交渉に行くのですが、もう交渉というよりもお願いですね」トラブルを避けるために、選手とファンの駐車場の入り口を別にして欲しいといった真っ当な要求に対しても煙たがられた。嫌なら辞めろ、という時代である。「実際に選手が何か権利を行使しようとすると、辞める権利しかなかったですから。選手は球団の持ち物といった考えの幹部の方が大半でした」さだまさしの曲のレコーディングを頼まれたので、印税を障がい者の招待に寄付をしたら、また目立ちたがりやがってと誹謗する代表までいた。

硬骨漢の田尾は優勝に貢献したリリーフ投手の牛島和彦の年俸が上がらないと聞けば、社長の家まで直談判にも行った。チームのバランスや貢献度を考えれば、あまりに劣悪だった後輩の待遇をもう少し改善して頂けないかと丁寧に話したが、『若いうちからカネを持つとろくなことはない』と却下された。年俸を抑える合理的な理由でないことは言うまでもない。選手の権利を拡張するために田尾が労働組合選手会労組の監査役としてフリーエージェント制度の導入に邁進していくのは、自然な流れであった。ＦＡ権が担保されてから、選手の置かれた環境は劇的に変わった。これら、先人の労苦を忘れてはならない。思えば、江藤や板東が副業に手を染めざるをえなかったのも、当時のプロ野球が保障の無い職業でありながら、セカンドキャリアも含めて選手にとって厳しい時代であったからではないだろうか。江藤や田尾のトレードは後付けのようにチーム改革の文脈で語られることも多いが、選手はモノではない。人格があり、アスリートとしての観点から見れば、ドラフトのような制度ではなく、感情による人事で飛ばされるのはパフォーマンスそのものにも影響する。田尾は江藤とは面識はなかったが、「（江藤）省三さんとは、遠征のときの相部屋でしたよ。物静かでとても紳士的な方でした」

何か、反骨のスラッガーが繋がった気がした。

執筆にあたっては阿部慎一郎さんのサポートに大変助けられた。コロナ禍に関わらず、頂いたその粘り強い尽力で脱稿にこぎつけられました。法元英明さんには取材の指針においで貴重なアドバイスを頂きました。また取材後に鬼籍に入れられた古葉竹識さん、大島康徳さんのご冥福をお祈りいたします。

２０２３年２月

木村元彦

参考文献
『闘将 火と燃えて～山賊軍団を率いる男の履歴書～』江藤慎一（鷹書房）
『はばたけ少年野球～950万球児の青空学校～』江藤慎一（広済堂）
『野球は根性やない』江藤慎一（大和書房）
『いい人たちばかりの中で―あるプロ野球スカウトの記録』柴田崎雄（六芸書房）
『赤い手』板東英二（青山出版社）
『赤い手 運命の岐路』板東英二（青山出版社）
『プロ野球知らなきゃ損する―ドえらいこの事実すべて実名です』板東英二（青春出版社）
『ドラゴンズ裏方人生57年』足木敏郎（中日新聞社開発局出版開発部）
『伝える：わたしが見てきた野球80年』杉下茂（中日新聞社）
『伝えるII：プロ野球 努力の神様たち』杉下茂（中日新聞社）
『在日二世の記憶』（集英社）
『ドラ番三〇年―勝負に生きた男たち』森芳博（中日新聞本社）
『巨人の星』原作：梶原一騎　作画：川崎のぼる（講談社）
『華麗なる波乱―わが野球一筋の歩み』水原茂（ベースボール・マガジン社）
『ロシアから来たエース』ナターシャ・スタルヒン（PHP文庫）
『望郷と海』石原吉郎（筑摩書房）
『シベリア抑留　１４５０日』山下静夫（東京堂出版）
『プロ野球「経営」全史 球団オーナー55社の興亡』中川 右介（日本実業出版社）
『あぶさん』水島新司（小学館）

写真協力　スポーツニッポン新聞社
装丁　岩井宏和（有限会社ラディカル）
水野桂助（有限会社ナカノデザイン事務所）
岡本舞（山崎デザイン事務所）
校閲　聚珍社
協力　スポルティーバ編集部
佐藤浩二（中部日本放送）
絹見誠司（日刊ゲンダイ）

編集　阿部慎一郎

江藤慎一とプロ野球史

西暦	和暦	江藤慎一個人年譜	プロ野球史
1934年	S9		大日本東京野球倶楽部(現在の読売ジャイアンツ)が設立。
1935年	S10		大阪野球倶楽部(現在の阪神タイガース)が設立。
1936年	S11		日本初のプロ野球リーグとして「日本職業野球連盟」設立。公式戦が始まる。大日本野球連盟名古屋協会(現在の中日ドラゴンズ)等5チームが設立。名古屋の鳴海球場で、巨人軍と金鯱軍がプロ野球初の対抗試合を実施。
1937年	S12	10月6日、福岡県北九州市に、父・哲美、母・登代子の間の4人兄弟の長男として生まれる。	
1939年	S14		日本職業野球連盟が日本野球連盟に改称
1941年	S16		太平洋戦争始まる。
1943年	S18	兵庫県飾磨市(現・姫路市)に転居。	
1944年	S19	兵庫県飾磨市立英賀保国民学校に入学。	日本野球連盟が日本野球報国会に改称。しかし11月に活動休止。
1945年	S20	母、弟とともに熊本県鹿本郡田底村(現・植木町)に移る。復員した父より野球の手ほどきを受ける。	太平洋戦争終戦。日本野球連盟の復活宣言。東西対抗戦開催。
1946年	S21		ペナントレース再開。
1947年	S22	母の郷里である熊本県山鹿市に転居。	
1948年	S23		初のフランチャイズ制度が暫定導入。初の夜間試合(ナイトゲーム)が開催。
1950年	S25	山鹿町立山鹿小学校卒業。熊本県鹿本郡山鹿町外三ヶ村中学校組合立山鹿中学校に入学。野球部に入部。	2リーグ制が導入。第1回日本シリーズ開催。優勝は毎日オリオンズ。
1951年	S26	松橋町立西部中学校に転校。野球部に入部。	第1回・オールスターゲーム開催。

1953年	S28	熊本県立熊本商業高校へ進学。野球部に入部。 ポジションはキャッチャー。在学中に甲子園出場はならず。	
1955年	S30		二軍のイースタン・リーグとウエスタン・リーグが結成。
1956年	S31	高校を卒業。濃人渉監督が野球部の監督を務める日鉄二瀬に入社。 この年から3年連続で都市対抗野球大会出場を果たし活躍する。	
1958年	S33	日本産業対抗野球大会でチームを初優勝に導く。	セ・パ両リーグとも6球団ずつ、12球団制が固まる。
1959年	S34	中日ドラゴンズ入団。背番号8。 4月15日、巨人戦(後楽園)で伊藤芳明投手から初本塁打を放つ。 7月28日、オールスター戦に監督推薦で初出場。 ルーキーイヤーながら130試合と全試合に出場。	初の天覧試合開催。
1961年	S36	初の20本塁打を達成。初のベストナイン選出。	柳川事件。社会人野球協会がプロ退団者の受け入れを拒否する。
1963年	S38	2度目のベストナイン選出。	
1964年	S39	4月5日、阪神戦(中日)で通算100号本塁打を達成。 王貞治との熾烈な争いを制し初の首位打者獲得。	東京オリンピック開催。
1965年	S40	2年連続で首位打者を獲得。	第1回・プロ野球ドラフト会議開催。
1966年	S41	6月26日、大洋戦(川崎)で通算1000本安打を達成。	
1967年	S42	9月19日、巨人戦(中日)で通算200号本塁打を達成。	
1969年	S44	監督に就任した水原茂との確執から構想外となり、 シーズン後にトレード通告されるも拒否。任意引退を決意する。	関係者に八百長関与の疑惑が持ち上がり 社会問題となる。黒い霧事件。
1970年	S45	ロッテオリオンズの監督に就任した濃人渉の働きかけもあり、 6月4日に川畑和人との交換トレードの形で現役復帰。 6月17日の東映戦で代打にて初出場。 8月16日、西鉄戦(小倉)で通算1500本安打達成。 シーズン途中加入ながら活躍し、ロッテを10年ぶりのリーグ優勝に導く。 巨人との日本シリーズは本塁打を放つなど健闘するも1勝4敗で敗れた。	
1971年	S46	8月5日、東映戦(東京)で通算300号本塁打達成。 3度目の首位打者を獲得。史上初のセ・パ両リーグ首位打者。	
1972年	S47	大洋ホエールズへトレード。 7月16日、広島戦(青森県営)で通算1000打点を達成。	
1973年	S48		プロ野球再編問題。合併計画が起こるも後に破談。

年	和暦	事項	球界
1974年	S49		セーブ記録の導入。
1975年	S50	太平洋クラブライオンズへプレーングマネージャーとして移籍。9月6日、近鉄戦（藤井寺）で通算2000安打を達成。山賊打線の異名を取ったチームは、球団初のAクラス入りを成し遂げる。	パ・リーグが指名打者制を導入。
1976年	S51	ロッテに復帰。序盤は好成績を収めるものの、故障により成績は下降。7月14日、現役最終出場。この年かぎりで現役を引退する。	
1977年	S52	野球解説者として活動。	
1978年	S53	国際少年軟式野球交流協会を設立。南米3か国を訪問。	江川事件、いわゆる「空白の1日」。
1985年	S60	天城湯ヶ島町に日本野球体育学校、通称江藤塾を設立。	パ・リーグが予告先発導入。
1986年	S61	日本野球体育学校から天城ベースボールクラブに改称。全日本クラブ野球選手権大会に初出場。	
1991年	H3	天城ベースボールクラブが全日本クラブ野球選手権大会で初優勝。	
1992年	H4	ヤオハンと業務提携。ヤオハンジャパン硬式野球部に改称。	
1993年	H5	都市対抗野球大会に初出場。	逆指名制度およびフリーエージェント制度導入。
1997年	H9	ヤオハンが倒産してヤオハンジャパン硬式野球部が活動休止。	プロ野球脱税事件。10選手が脱税で起訴。
1998年	H10	アムウェイと提携したクラブチーム「アムウェイ・レッドソックス」を発足。クラブ選手権で2度目の優勝。同年で活動を終了。	
1999年	H11		柳川事件以降中止されていた、社会人野球協会のプロ退団者受け入れを再開。
2001年	H13	第19回参議院議員通常選挙に比例代表区から出馬も落選。	
2003年	H15	脳梗塞により入院。	
2004年	H16		パ・リーグでプレーオフ制度導入。再編問題に端を発する選手会による史上初のストライキが発生。
2005年	H17		公式戦で初のセ・パ交流戦を実施。四国アイランドリーグが発足。
2006年	H18		WBC開催。日本代表チームが初優勝。
2007年	H19		独立リーグの北信越ベースボール・チャレンジ・リーグが発足。
2008年	H20	2月28日、肝臓癌により死去。	
2009年	H21		独立リーグの関西独立リーグが発足。プロと大学の選抜チームによる交流戦が初開催。
2010年	H22	野球殿堂入り。	

江藤慎一通算成績

右投右打
178cm／80kg
外野手、一塁手
熊本商 - 日鉄二瀬

年度	所属球団	試合	打席	打数	得点	安打	二塁打	三塁打	本塁打	打点	盗塁	四球	死球	三振	打率	長打率
1959	中日	130	529	495	52	139	19	3	15	84	13	27	3	58	.281	.422
1960	中日	130	474	429	48	108	19	2	14	61	7	36	5	49	.252	.403
1961	中日	130	540	480	50	128	17	1	20	77	4	46	2	48	.267	.431
1962	中日	133	562	493	74	142	13	0	23	61	4	60	3	61	.288	.454
1963	中日	140	583	510	72	148	26	0	25	70	12	61	7	50	.290	.488
1964	中日	140	527	468	57	151	21	0	21	72	5	47	6	43	.323	.502
1965	中日	129	529	443	75	149	22	2	29	74	6	81	3	36	.336	.591
1966	中日	102	413	364	51	117	16	1	26	91	1	43	4	30	.321	.585
1967	中日	132	553	481	85	133	20	1	34	78	6	64	4	49	.277	.534
1968	中日	131	535	487	80	147	29	1	36	93	7	40	6	59	.302	.587
1969	中日	119	497	436	51	122	20	2	25	84	1	51	4	52	.280	.507
1970	ロッテ	72	181	146	21	42	4	0	11	31	1	30	2	23	.288	.541
1971	ロッテ	114	446	389	57	131	8	1	25	91	3	49	2	41	.337	.555
1972	大洋	103	309	276	37	69	9	0	18	51	0	29	2	35	.250	.478
1973	大洋	111	405	365	30	103	7	0	15	44	2	38	1	33	.282	.425
1974	大洋	111	403	378	34	110	11	0	16	67	3	24	0	30	.291	.447
1975	太平洋	88	324	302	28	69	11	1	8	36	2	17	3	31	.228	.351
1976	ロッテ	69	237	214	22	49	2	0	6	24	1	18	1	24	.229	.322
	通算	2084	8047	7156	924	2057	274	15	367	1189	78	761	58	752	.287	.484

首位打者3回(1964、1965、1971)
最高出塁率1回(1971)
ベストナイン6回(1961、1963～1966、1968)

江藤慎一とその時代
早すぎたスラッガー

発行日 2023年3月25日　初版発行

著者　木村元彦

発行人　木本敬巳
発行・発売　ぴあ株式会社 中部支社
〒461-0005 名古屋市東区東桜2-13-32 ぴあ名古屋ビル
[代表]052-939-5555
ぴあ株式会社 本社
〒150-0011 東京都渋谷区東1-2-20 渋谷ファーストタワー
[大代表]03-5774-5200

印刷・製本 凸版印刷株式会社
落丁本、乱丁本はお取替え致します。
ただし、古書店で購入したものについてはお取替えできません。
定価はカバーに表示してあります。
ISBN978-4-8356-4653-4